最近の金融商品取引法の改正について

（平成30年２月７日開催）

報告者　弥　永　真　生
（筑波大学ビジネスサイエンス系ビジネス科学研究科教授）

目　　次

金融商品取引法研究会出席者（平成30年2月7日）

報告者	弥永真生	筑波大学ビジネスサイエンス系 ビジネス科学研究科教授
会長	神作裕之	東京大学大学院法学政治学研究科教授
委員	飯田秀総	東京大学大学院法学政治学研究科准教授
〃	大崎貞和	野村総合研究所未来創発センター主席研究員
〃	加藤貴仁	東京大学大学院法学政治学研究科准教授
〃	河村賢治	立教大学大学院法務研究科教授
〃	小出 篤	学習院大学法学部教授
〃	後藤 元	東京大学大学院法学政治学研究科准教授
〃	武井一浩	西村あさひ法律事務所パートナー弁護士
〃	中東正文	名古屋大学大学院法学研究科教授
〃	藤田友敬	東京大学大学院法学政治学研究科教授
〃	松井智予	上智大学大学院法学研究科教授
〃	松井秀征	立教大学法学部教授
〃	松尾健一	大阪大学大学院高等司法研究科准教授
〃	松尾直彦	東京大学大学院法学政治学研究科客員教授・弁護士
〃	宮下 央	ＴＭＩ総合法律事務所弁護士
オブザーバー	岸田吉史	野村ホールディングスグループ法務部長
〃	森 忠之	大和証券グループ本社経営企画部担当部長兼法務課長
〃	鎌塚正人	ＳＭＢＣ日興証券法務部長
〃	陶山健二	みずほ証券法務部長
〃	本井孝洋	三菱ＵＦＪモルガン・スタンレー証券法務部長
〃	石黒淳史	日本証券業協会政策本部共同本部長
〃	山本 悟	日本証券業協会自主規制企画部長
〃	塚﨑由寛	日本取引所グループ総務部法務グループ課長
研究所	増井喜一郎	日本証券経済研究所理事長
〃	大前 忠	日本証券経済研究所常務理事

（敬称略）

監査報告書の見直し

大前常務理事　若干おくれておいでになる方もいらっしゃいますけれども、時間が参りましたので、第２回の研究会を始めさせていただくことといたします。議事に入ります前に、前回ご紹介できなかった委員の皆様をご紹介申し上げたいと存じます。

私に近いほうから、お席の順に紹介させていただきます。

松井智予様でございます。

次に、テーブルの反対側にお座りいただいておりますが、後藤元様でございます。

松井秀征様でございます。

藤田友敬様でございます。

委員のご紹介は以上でございます。

この後のご進行は神作会長にお願い申し上げます。

神作会長　おはようございます。それでは、第２回金融商品取引法研究会を始めさせていただきます。

本日は、既にご案内のとおり、弥永真生先生から「監査報告書の見直し」というテーマで、監査上の主要な事項（Key Audit Matters）いわゆるKAMの問題を中心にご報告いただくことになっております。

それでは、弥永先生、ご報告、お願いいたします。

［弥永会長代理の報告］

弥永報告者　本日はこのような報告の機会を与えていただきまして、まことにありがとうございます。

本日は、まず、現在の監査報告書について簡単にご紹介した上で、どういう提言が近年なされてきたか、そして、現在、企業会計審議会監査部会または日本公認会計士協会で検討されている内容について、私の知る限りでご紹介させていただいて、最後に、現在、議論にはなっていないのですけれども、私の個人的な趣味と申しますか、関心として、今後、監査報告の上で問題になりそうと思われる点を１つだけ指摘させていただきたいと考えております。

Ⅰ．現在の監査報告書

先生方もご高承のとおり、現在の我が国の企業会計監査制度としては、金融商品取引法及び会社法に基づく監査が中核をなしております。まず、監査報告書の様式は、金融商品取引法監査との関連では監査証明府令という内閣府令によって規律されており、他方で、会社法上の会計監査報告は会社計算規則によって規律されております。

他方、どのような監査手続を行うべきかという点につきましは、いずれの法律のもとでも特段の規定が設けられているわけではなく、法律レベルでは、非常に抽象的なルールが金融商品取引法に定められているにとどまっております。

すなわち、金融商品取引法 193 条の２の第１項では、上場会社等が提出する財務書類については、「その者と特別の利害関係のない公認会計士又は監査法人の監査証明を受けなければならない」と規定され、同条の第５項で、「第１項及び第２項の監査証明は、内閣府令で定める基準及び手続によって、これを行わなければならない」と定められるにとどまっておるわけです。

金融商品取引法 193 条の２第５項を受けて定められた内閣府令である監査証明府令の３条２項は、「前項の監査報告書、中間監査報告書又は四半期レビュー報告書は、一般に公正妥当と認められる監査に関する基準及び慣行に従って実施された監査、中間監査又は四半期レビューの結果に基いて作成されなければならない」と定めております。

これには、会計についての規律と比べると、大きな違いがございます。まず、財務諸表等規則あるいは連結財務諸表規則などでは、会計については一般に公正妥当と認められる企業会計の基準と定められているのですが、監査証明府令の規定には、「及び慣行」という語が、金融商品取引法の下での規律であるにもかかわらず含められております。

また、財務諸表等規則あるいは連結財務諸表規則などの会計についてのルールのもとでは、建前としては、当該内閣府令、すなわち財務諸表等規則あるいは連結財務諸表規則などでどのような会計処理の方法をすべきなのかということを定めることを前提あるいは原則としたうえで、当該府令に規定のないものについて、一般に公正妥当と認められる企業会計の基準に従うものとするとされているのです。これに対して、監査証明府令においては、監査の基準及び手続きを監査証明府令そのものでは定めずに、「一般に公正妥当と認められる監査に関する基準及び慣行」に全面的に委任しており、この点も、大きな違いの1つであると言うことができると思います。

その上で、監査証明府令3条3項は、一般に公正妥当と認められる監査の基準として5つの基準を列挙しております。すなわち、監査基準、中間監査基準、監査に関する品質管理基準、四半期レビュー基準、そして監査における不正リスク対応基準という5つを挙げております。けれども、ここでは「前項に規定する一般に公正妥当と認められる監査に関する基準に該当するものとする」と定めております。これは、財務諸表等規則3条なども同じなのですけれども、あくまでも例示しているにすぎないことを示しています。ここで挙げられている基準以外は一般に公正妥当と認められる監査の基準に該当しないということまで意味しているわけではなく、この1号から5号に挙がっているような基準はそれに該当する、すなわち、一般に公正妥当と認められる監査に関する基準の少なくとも部分集合であるということを定めております。したがって、一般に公正妥当と認められる監査に関する基準は、この1号から5号に挙がっているもの以外にもあり得るという前提になっております。

次に、現在の監査報告書はどういう構造になっているのかを簡単に見ておきます。

まず、監査法人あるいは公認会計士が何を対象にして監査を行ったのか、監査証明を行っているのかということを記載した上で、財務諸表に対する経営者の責任、監査人の責任、監査意見、利害関係を記載するということになっております。けれども、この中で最も中核的な記載事項、監査意見です。この監査意見のパートに記載されるものとして、無限定適正意見、除外事項を付した限定付適正意見、不適正意見、そして監査意見の不表明という４種類が、監査証明府令では想定されており、かつ、会社計算規則もそのような意見表明を会計監査人が行うことを原則としております。

実は会社計算規則と監査証明府令とでは違う点がございまして、監査証明府令は、すなわち金融商品取引法上の監査報告書については、ただいま申し上げた４種類しか認めておりませんけれども、会社計算規則はあくまでもこの４種類に限定しているという規定ぶりにはなっておらず、この４種類のいずれかに当たるときにはそれを記載すればよいということにしているだけです。したがって、会社法上の会計監査報告にはこの４種類とは異なる内容の監査意見を記載することができる仕組みになっている、少なくともそういうたてつけになっております。

しかし、いずれにいたしましても、現在の監査報告書は、短文式の監査報告書と呼ばれております。すなわち、監査意見として、無限定適正意見、除外事項を付した限定付適正意見あるいは不適正意見というような意見のみを述べ、それ以上の細かい意見を述べないというところに１つの大きな特徴がございます。

このような短文式の監査報告書は、我が国では一般的なものであり、当然のものとして受け止められてきたわけですけれども、諸外国を見ると、歴史的には必ずしもこれが一般的だったわけではありません。例えばドイツやオーストリアなど幾つかのヨーロッパの国々においては、日本で言えば監査役会、監査等委員会あるいは監査委員会に相当するようなものに対して提出するのは長文式の監査報告書であり、いわばその要約版のようなものが株主などに提供されているという仕組みになっております。

実際、ドイツ法などを見ると、監査報告書は長文式であり、株主に提供されているものは監査報告書と呼ばれているわけではありません。このように、原則は長文式という国すら世界の中には見られます。けれども、1940年代にはアメリカの監査報告書が既に短文式に移っていたことを背景として、我が国でも監査報告書は金融商品取引法（当時は証券取引法）上、短文式という形になったのです。

短文式のよいところは、非常に明快であるということです。素人と申しますとちょっと語弊があるのですけれども、投資家が余り迷わないでその監査意見を理解することができるようにしようという発想に立っています。長文式の監査報告書には企業秘密のようなものが含まれる可能性も一方であることもありますけれど、それだけではなく、短文式が採用されている理由は、いろいろなタイプの意見表明の仕方があると、それを利用者が十分理解できないのではないかという発想によっています。

しかし、私もそうですけれども、無限定適正意見が何を意味しているのか、あるいは除外事項を付した限定付適正意見がどのような意味合いを持っているのかということを正確に素人が理解できるのかといえば、そうでもないような気がいたします。特に問題なのは、監査意見の中で全ての重要な点において適正に表示しているものと認めるというときの、「適正に」という概念について、監査人はそれなりの相場観をお持ちかもしれませんけれども、利用者にその意味するところがわかるのかと言われると、そうでもないのではないかと個人的には思います。

しかしながら、無限定適正意見あるいは限定付適正意見というような、割り切った意見表明しかなされないと、その間のニュアンスが利用者にはわからないという問題も近年では指摘されるようになってきておりました。

Ⅱ．近年の提言

我が国では、平成25年3月26日に、監査における不正リスク対応基準を、粉飾決算を背景として企業会計審議会は公表いたしました。その審議の過程では、不正リスク対応基準という基準をつくるだけではなく、監査報告書の記載内容の見直しといった論点も議論されまして、「国際的な議論の動向や利用者のニーズに関する調査等を踏まえつつ、今後、当審議会において検討を行うこととしている」と頭出しがされました。この時点では、国際監査基準の改正がすでに検討されていたこともあり、国際的な動向に合わせて我が国の監査報告書の記載内容を見直す必要があるのではないかという点も、議論されたのです。

平成26年にも監査基準はさらに改訂されたのですけれども、この際にも、「なお、監査部会の審議においては、監査報告書の記載内容に関し、国際的な見直しの動向についても議論されたところであり、引き続き検討を行うこととしている」とされました。

その後、金融庁は、会計監査の在り方懇談会という懇談会を設けまして、そこでさまざまな提言がされました。この懇談会の提言には、まだ現実化していないものもあるのですけれども、私が承知している限りでは、金融庁はこの懇談会で提言されたことを着々と具体化し、制度化していると認識しております。この提言の中に監査報告書の透明化という言葉が出てきまして、株主等に対する情報提供を充実させるという観点から、監査報告書の記載事項を見直すという作業が要請されたのです。

この提言を踏まえて、金融庁は、昨年、「監査報告書の透明化について」という文書を出しましたが、そこでは、「『透明化』の導入が国際的に進められる中で、我が国においても会計監査の透明性向上は重要な課題であり、今後、企業会計審議会において具体的な検討を進めていくことが期待される」と述べられました。

そして、KAMという概念が提示されました。KAMは監査上の主要な事項（Key Audit Matters）の略語ですけれども、KAMを我が国の監査報告書にも記載させる必要があるのではないか、それが望ましいのではないかということです。

このような動きの背景には、先ほど申しましたように、国際監査基準、そして米国の監査基準の動向がございます。公認会計士、イギリスで言えば勅許会計士、このような専門家の団体が参加してつくっている国際会計士連盟というものがあるのですけれども、そこに国際監査・保証基準審議会というものも設けられていまして、そこが国際監査基準などを公表しております。

この国際監査基準は、会計のルールである国際会計基準ないし国際財務報告基準に比べると、はるかに各国で受け入れられています。国際的に見た場合の会計基準の統一は、ある程度進んではいますけれども、必ずしも徹底しているわけではありません。他方、監査の基準について申しますと、国際監査基準に各国はほとんど拠っていまして、米国のみが例外です。米国以外の先進国は、国際監査基準をほぼそのまま国内の監査基準としております。先進国以外の国の中には、そもそも国内基準化せずに国際監査基準を使っている国もありますけれども、いずれにしても、米国を除いて先進国は国際監査基準をほぼそのまま国内の監査基準としており、特に欧州連合においてはEU 法のもとでこれが取り込まれるということになっているものですから、なおさらということになっております。

我が国も、日本公認会計士協会監査基準委員会報告書というものが出されておりまして、これは国際監査基準をおおむね取り込んでいるという状況にあります。もっとも、我が国の会社法制などを背景として、国際監査基準が想定しているような問題点は我が国では問題にならないというものもありますので、制度的な相違をふまえて、若干、国際監査基準に調整を加えたものを、日本公認会計士協会は監査基準委員会報告書として公表しております。

そして、私の承知している限りでは、日本公認会計士協会の監査基準委員会報告書が一般に公正妥当と認められる監査に関する基準にあたると考えることに異論は見られません。また、日本公認会計士協会は、監査基準委員会報告書以外にも監査に関する幾つかの文書を公表しておるのですけれども、その中には、最初にご紹介した、一般に公正妥当と認められる監査に関する慣行と見ることができるものも含まれていると思われます。

ただ、我が国が、多くの先進国、米国を除く先進国と大きく違っている点は、我が国では、先ほどご紹介したように、監査証明府令が挙げている５つの監査の基準が存在していて、これが日本公認会計士協会の監査基準委員会報告書より当然上位の規範であると位置づけられ、考えられていることです。この結果、国際監査基準を取り込んだ監査の基準より上位の規範が我が国の場合には存在するという点で、先進国では唯一と言ってよいと思われ、異なった状況にあります。

そして、このような監査規範の枠組みを背景として、我が国の場合には、日本公認会計士協会の監査基準委員会報告書が国際監査基準を取り込むときに、それが上位規範である監査基準と食い違っては困る、上位規範である監査基準では認められていないようなものを取り込むわけにはいかない、あるいは上位の監査基準で一応頭出しはしてもらわないと困るというような状況が生じるのです。そこで、我が国では、現在行われているように企業会計審議会の監査部会においてKAMという問題をどうしても取り上げざるを得ない、少なくとも取り上げることがきわめて自然であるということになります。企業会計審議会が公表する監査基準でKAMが取り上げられれば、あとは日本公認会計士協会としては監査基準報委員会報告書に国際監査基準を取り込んでくることができるという構造になっております。

Ⅲ．監査部会における検討

続きまして、どのような議論が企業会計審議会の監査部会でなされているのかを簡単にご紹介させていただきたいと思います。

昨年の９月８日に総会が開かれて、そこで監査報告書の透明化については監査部会で審議をするという方針が決定され、監査部会が昨年10月17日から審議を開始したところでございます。

監査部会においては、監査上の主要な事項、いわゆるKAMと言われているものの記載を中心に検討しているのですけれども、ごく最近行われた監査部会の会合においては、監査報告書の記載順序の変更、継続企業の前提に関する事項の記載、その他の記載内容についての記載も検討の対象として挙げられております。

まず、監査報告書の記載順序の変更について、どのような提案がなされているかと申しますと、現在の監査報告書と異なりまして、監査の対象を明示したら、まず、監査意見、監査意見の根拠を示し、続いて、監査上の主要な事項（KAM）を記載するという提案がされております。

すなわち、現在の監査報告書ですと、監査の対象になっているものはどういうものなのかということを記載した後に、財務諸表に対する経営者の責任とか監査人の責任など、いわば前置きのような、言いわけと言うとちょっと語弊があるのですけれども、情報利用者、監査報告書を読む方にとっては、必ず同じことが書いてあるはずなのですから、こんな文章を読んだってしようがないということ、大げさに申すならば、監査報告書を読む意欲を損なうような気がするものがまず書かれているというのが、これまでであったといえます。

これに対して、今後は、監査意見という、監査報告書の中で一番コアになる情報を、最初に書かせようとしております。利用者としては、監査報告書をパッと見たときに、無限定適正意見なのか、限定付適正意見なのか、不適正意見なのかということがわかるようになる、そのようなことを目指しているのです。その上で、監査意見をよりよく理解することを可能にするという観点から、監査上の主要な事項を記載させようというのです。

もっとも、ここで留意しなければならないのは、監査上の主要な事項は、個別の意見を表明するものではない。つまり、意見表明ではなく、あくまでも監査のプロセスあるいは監査意見を形成するに当たって対応した事項であるという点です。

さらに、その他の記載内容に関する記載が提案されています。かりに、これを会計監査報告に記載することとなると、会社法の研究者から見るとかなり重大な変更になりますし、かりに、金融商品取引法上の監査報告書にこれが記載されるにすぎないということになったとしても、どのようにこれを法的に考えていくべきなのかというのは、なかなか難しいところではあります。

この点については後ほどもう少し詳しく説明させていただきますが、その他の記載内容に関する記載をKAMに関する記載の次にするということが想定されております。この結果、これまでは最初のところにワンパターンで書かれていて、情報利用者にとっての情報価値が実質的にはほとんどないのではないかという事項の記載、すなわち、財務諸表に対する経営者及び監査人の責任などは、監査報告書の中で後ろの部分に記載されることが想定されています。

もっとも、これまでは経営者の責任のみを書かせていたのですけれども、今度は経営者及び統治責任者の責任を記載することを求めることになっています。ただし、統治責任者という表現をそのまま監査基準あるいは監査証明府令で用いることが適切かどうかついては議論があるところです。

と申しますのは、我が国で統治責任者とは何なのかという定義がどこでなされているかを考えてみますと、日本公認会計士協会が公表している監査基準委員会報告書の中では定義されていますけれども、法律や府令で定義されているわけではありません。さらに、我が国の場合、だれが統治責任者に当たるのかが、必ずしも一義的に決まらない部分があるかもしれないのです。したがって、統治責任者ではなく、例えば監査役の責任、監査等委員会の責任、監査委員会の責任、監査役会の責任というように、我が国の法制度上存在する主体を入れるということになることが十分に想定できます。いずれにいたしましても、統治責任者の責任に言及するということが提案されている点が、1つの特徴でございます。

さらに、監査人の責任については、このようなことを書かせても情報的な価値は余りないのではないかと先ほど申してしまったわけですけれども、従来に比べると、監査人の責任についてさらに詳細に書くということが、今のところ提案されております。まだ監査部会では詰めた検討がされているわけでありませんけれども、国際監査基準は、監査人の責任についての記載を非常に手厚くすることとしており、このような記載が有害というわけでもないので、監査基準でこのような記載を排除するというようなことはしないと予想されます。そうなれば、結局は、日本公認会計士協会の監査基準委員会報告書の中でこのような細かい事項を監査人の責任のパートに記載するということが内容の１つとされることになるのではないかと思われます。しかし、初めの方に書かせるわけではないので、気にしない利用者は、このようなところは読まないということになりそうです。

Ⅳ．国際監査・保証基準審議会

国際監査・保証基準審議会が、どのような監査基準の改訂・設定を最近してきたのか概観します。

まず、従来の監査報告書では、実施された監査に関する特定の情報、監査上の発見事項及び監査対象企業に関する情報が不足しているという認識のもとに、幾つかの国際監査基準を見直しました。

そして、国際監査基準 701「独立監査人の監査報告書における監査上の主要な事項のコミュニケーション」を公表し、その中で、いわゆる KAM を記載する、継続企業あるいはその他の記載内容を規定している他の国際監査基準もあわせて改訂することといたしました。つまり、KAM に関する記載を要求するのは国際監査基準 701 ですけれども、これと同時に、監査報告書全部を見直すという観点から、幾つかの改訂が行われました。

Ⅴ．監査上の主要な事項（KAM）

KAM と同様の事項に関する記載は、イギリスでは既に 2012 年から要求されており、国際監査・保証審議会が公表した国際監査基準 701 は、2016 年 12 月 15 日以降終了事業年度から適用されますので、オーストラリア、香港、ニュージーランドなどでは、既に監査報告書に KAM に関する記載がされております。

また、欧州連合構成国においては、2016 年 6 月 17 日に関連規則の適用が開始されました。たとえば、12 月末決算の会社については 2017 年 12 月期から KAM に関する記載が要求されております。

さらに、アメリカにおいても、PCAOB が公表した監査の基準を SEC が承認しましたので、資料に示しましたように、2017年12月15日以降終了する事業年度から一定の事項が追加記載されます。そして、アメリカではKAMとはいわずに、CAM（Critical Audit Matters）というのですが、2019年6月15日から大規模早期提出会社について適用され、それ以外の会社については2020年12月15日以降終了事業年度から適用されるということになっております。

我が国以外の先進国、そして、アメリカもこのようにCAMに関する事項の記載を要求すると決断した以上、何の手も打たなければ、2020年以降は、我が国の監査報告書だけに、KAMに相当する事項の記載がない、あるいはKAMに関する記載がないということになるおそれがあります。そうなると、監査報告書が、外見上、諸外国と違うことになってしまいます。かつて、会計との関係でレジェンド問題が注目を浴びましたが、それと同様の問題が監査報告書との関係で再燃するということも考えられないわけではありません。そのため、我が国において、いまや、KAMに関する事項を監査報告書に記載させるということは非常に重要な課題となっております。

それでは、KAMというのは一体どのようなものなのでしょうか。「監査人の職業的専門家としての判断において、当年度の財務諸表監査で特に重要な事項」と定義され、３つの例が挙げられています。第１に、「特別な検討を必要とするリスクが識別された領域又は監査人の重要な判断を伴う領域」、第２に、「監査において、十分かつ適切な監査証拠の入手を含め、重要な困難に直面した領域」、第３に、「内部統制の重要な不備が識別されたことによるものを含め、監査について計画したアプローチの重要な変更が必要となった状況」が挙げられています。

Ⅵ．監査役等とのコミュニケーション

KAMの非常に大きな特徴は、統治責任者にコミュニケーションした事項の中から選択されるということになっているということです。つまり、会計監査人あるいは金融商品取引法上の監査人が被監査会社の統治責任者に、さ

まざまな情報を伝達しているのですけれども、その中からKAMを選ぶということになっております。

先ほど、少しふれましたが、統治責任者は、日本公認会計士協会の監査基準委員会報告書で示されている定義によれば、もちろん国際監査基準もそのように定義しているのですけれども、「企業の戦略的方向性と説明責任を果たしているかどうかを監視する責任を有する者又は組織」です。そうだとすると、取締役会こそが統治責任者ではないかという見方も十分に可能なのです。けれども、我が国では、ご高承のように、会計監査人のコミュニケーションの相手方は、会社法のもとでは監査役、監査役会、監査等委員会、監査委員会であって、会計監査人が取締役会に出席して、そこで何か直接報告をするとか情報を提供するという仕組みにはなっておりません。ですから、我が国の場合には、会社法を前提とすると、統治責任者というのは、監査役、監査役会、監査等委員会、監査委員会をいうと考えることになると思います。ただ、監査の基準における定義上は、取締役会も統治責任者の定義を満たすと本来は言うべきではあると考えられます。

監査役等とのコミュニケーションについては、取締役・執行役の不正の行為または法令定款に違反する重大な事実を発見したときには、監査役等に対して報告をしなければいけないという義務を会計監査人に課し、かつ、監査役等の側からは会計監査人に報告を求めることができるという条文構造に、我が国の会社法はなっているのですけれども、それにとどまらず、監査の基準でも監査役等とのコミュニケーションは非常に重要だということが示されております。すなわち、会計不祥事が起きた後、監査役等とのコミュニケーションの必要性が強く認識され、現在の監査基準の第三の一の7は、「監査人は、監査の各段階において、監査役等と協議する等適切な連携を図らなければならない」と規定しております。

また、監査における不正リスク対応基準は、会社法が要求しているよりも、もっと早い段階で、あるいは、より広い範囲で監査役等とのコミュニケーションを監査人に要求しております。会社法は、会計監査人が取締役等の法令・

定款違反の重大な事実や不正の行為を発見したときに報告義務を課しておりますけれども、不正リスク対応基準では、「監査人は、不正による重要な虚偽の表示の疑義があると判断した場合には、速やかに監査役等に報告する」、「監査人は、監査実施の過程において経営者の関与が疑われる不正を発見した場合には、監査役等に報告し」と規定することによって、疑いの段階でも報告をさせることを想定しております。

さらに、違法だと申しているわけではありませんけれども、現在の会社法の仕組み上、妥当するのかどうかということにつき、幾つか疑義がある点が、不正リスク対応基準にはございます。たとえば、不正リスク対応基準の第二の18項が、「監査人は、監査実施の過程において経営者の関与が疑われる不正を発見した場合には、監査役等に報告し」としている点は会社法と整合的なのですけれども、さらに「協議の上、経営者に問題点の是正等適切な措置を求める」ことを要求している点はちょっと気になります。なぜなら、現在の会社法の枠組みの中で、監査人が経営者に一定の措置を求める権限を持っているのかは必ずしも明らかではなくて、検討されなければならない点が残っていると思われるからです。ましてや、金融商品取引法上は、そのような権限が監査人にあるのか、そもそも、権限というよりは義務があるのかという点は、熟慮されなければならないところだったのではないかと思われるのです。

以上に加えて、日本公認会計士協会の「監査基準委員会報告書260」、これは「国際監査基準260」に対応しているものですけれども、そこでは、「監査人は、企業統治の構造に応じてコミュニケーションを行うことが適切な統治責任者を判断しなければならない」とされております。日本においては、コミュニケーションの相手方が会社法上は監査役等なので、この「監査基準委員会報告書260」では、統治責任者イコール監査役等と考えて規定を設けております。

このように、監査人と監査役等との間でコミュニケーションがきちんと行われているということが、現在の監査基準、不正リスク対応基準、そして「監査基準委員会報告書260」では想定されています。そこで、コミュニケーションすべき内容としては、「会計方針、会計上の見積り及び財務諸表の開示を含む、企業の会計実務の質的側面のうち重要なものについての監査人の見解」、「監査期間中に困難な状況に直面した場合は、その状況」、「監査の過程で発見され、経営者と協議したか又は経営者に伝達した重要な事項」、「監査の過程で発見され、監査人が、職業的専門家としての判断において財務報告プロセスに対する監査役等による監視にとって重要と判断したその他の事項」が挙げられており、こういったものはコミュニケーションされているということになっております。

たしかに、少なくとも私の承知している限りでは、一定規模以上の会社の会計監査人と監査役等との間では、このような事項は会計監査人から監査役等に報告され、伝達されております。

しかしながら、そのように伝達された内容を、監査報告書を利用する投資家、株主、会社債権者は全く知ることができません。また、非常に失礼な言い方をすると、まれに怠け者の監査役等がいたときには、会計監査人なり金融商品取引法上の監査人からこのようなコミュニケーションを受けても、それに適切な反応をしていない、対応をとってないということもあり得ないわけではありません。数十年前に、すでに、龍田節先生が、この点を指摘されていたことがあります。つまり、握り潰されたときに、会計監査人は一体どういうことができるのかについて問題提起されたご論文を書かれたことがあります（龍田節「監査役と会計監査人の関係」監査役142号（1981年））。このような観点からは、株主や投資者が、KAMのコミュニケーションがどのようになされているかということを知ることができるようになることは、会計監査人などが監査役等に対して適切なコミュニケーションを行うインセンティブを与えるだけではなく、会社法的に申せば、監査役等がコミュニケーションを受けた事項に対して適切な対応をとるインセンティブを与えることになると期待できます。

Ⅶ．監査上の主要な事項（KAM）の位置づけ

ところで、KAMの位置づけとしては、KAMは経営者が財務諸表に記載すべき注記を代替するものではないとされています。つまり、KAMは新しい情報を開示することを目的とするのではなく、経営者が開示した情報を前提としてKAMは記載されるのが原則だということです。また、限定付適正意見を表明するときの除外事項、つまり、財務諸表が会社の財政状態、経営成績及びキャッシュ・フローの状況を適正に表示しているというときの「除いては」という部分はKAMとして書かれるわけではなく、それは監査意見の本体で、どの部分を除いてなのか、どういう制約があるのかということは書くべきだということです。

また、継続企業の前提に関する重要な不確実性があり、その企業が将来にわたって継続していくことができるか非常に危ない状況があるということについては、これはKAMに書くのではなく、追記情報として書くのが適切である、また、後で述べますように、追記情報と位置づけ続けないとしても、このような情報はKAMとは別に書くということが要求されるべきであるとされています。

さらに、すでにふれましたが、KAMに記載された事項は、監査意見を表明するものでもないという位置づけが与えられております。

そこで、KAMとはどのようなものなのかということを示したのが、報告資料42ページの逆三角形の図です。監査上、問題となる、ポイントになる点の中で重要なものは、統治責任者に、日本で言えば一般的には監査役等にコミュニケーションしなければいけない。監査役等にコミュニケーションした事項の中に、監査上特に注意を払った事項があり、その中で特に重要な事項が監査上の主要な事項とされています。

ただ、監査上の主要な事項のみを書かせるのではなく、それに関連することも記載させるという方針で、現在検討されております。すなわち、何がKAMなのかを書くだけではなく、その主要な事項に関連する情報が財務諸

表に開示されているのであれば、その情報が財務諸表のどこに開示されているのか、ここを参照しなさい、ここに書かれていますと記載する。さらに、なぜそれがKAMだと考えたのか、最も重要だと考えたのか、その理由を書きなさい。

この程度の記載であれば、監査人にとって責任が重くなるリスクは、おそらくないと思います。なぜかと申しますと、監査人としては、既に監査役等にコミュニケーションした事項の中で重要なものを書くだけですし、KAMは監査意見でもないからです。ただ、「当該事項に対する監査上の対応」も記載することが求められる可能性が高いのです。これを記載するということになると、きちんと対応していないことが監査報告書からうかがえてしまうというリスクが監査人にとってはあります。したがって、監査人としては、KAMを記載して、それに対してどう対応したかを、利用者が納得するようにある程度書いておかないと、利用者の側としてはKAMに対して監査人が適切に対応していないのではないかという疑いを持って、何か問題が起きたときには、とりあえず監査人の責任を追及する訴えを起こそうという気になるかもしれない。事後的にはきちんとやったということがわかるかもしれませんけれども、監査報告書を読んだ財務諸表等の利用者が、きちんと監査していないのではないかという疑惑を持って、訴訟を起こそうという気になるというリスクは、KAMに対して監査上どのような対応をとったのかを書かせるときにはあるのではないかということが、諸外国でも言われています。実は、日本公認会計士協会も、国際監査基準701に至るプロセスで公開草案が出た段階で、KAMに対する監査上の対応をわざわざ監査報告書に書かせるのは適切ではないのではないかという意見を国際監査・保証基準審議会に提出したという沿革があるのです。けれども、最終的には、書かせるというのが国際監査基準の内容となったので、我が国でもそうなるだろうと予想されます。

次に、KAMの記載に当たっては、企業が既に開示している情報を参照することが想定されております。既に開示しているというのは、財務諸表で開示している場合に限られなくて、アニュアル・レポートなど、別な形で開示している場合であってもかまわないと考えられています。しかし、監査報告書に記載が要求されるのは、あくまでも財務諸表本体あるいは注記に記載されているものへの参照です。

参照すべき情報が企業によって開示されていない場合であっても、監査人はKAMとして記載することは可能だけれども、監査人は、まずは企業に必要な開示を促すことが適切であるとされています。

我が国でも、予行演習と申しますか、問題点を発見するために、日本公認会計士協会が幾つかの主要な監査法人に依頼し、かつ被監査会社の了解もとって、仮にKAMを書くとしたら、こんな内容になるということをやってみたのです。その結果、どういうことが起きたかというと、日本基準によって連結財務諸表をつくっている企業については、必ずしも企業が開示していない情報がKAMと関係があるということが見られたのに対して、国際会計基準あるいは米国の会計基準に従って連結財務諸表をつくっている企業との関係で言うと、KAMとの関連で参照すべき情報は連結財務諸表で開示されているのが一般的だということが判明しました。日本基準では、アメリカ基準とか国際会計基準に比べると、開示がやはり少な目という傾向がうかがわれたということです。

それは、日本基準の下では、コスト・ベネフィットの観点から適切な開示が行われていると言うべきなのか、それとも日本の開示が不十分なのか、どちらなのかは問題ではあります。けれども、今後、KAMが入ってくると、これまで、日本基準の下では、この程度で十分と思われたよりも開示が必要になるかもしれません。

すでに申しましたように、KAMの記載によって監査の失敗が見つけられやすくなるかもしれないということは言えますけれども、監査人のリスクはさほど高まらないと私は考えております。なぜかと申しますと、KAMの記載によって財務諸表等の記載が虚偽であり、または欠けているものを、虚偽でなく、または欠けていないものとして証明したことにはならないと考えられるからです。また、KAM は監査意見ではありません。したがって、限定付適正意見、無限定適正意見または不適正意見に直接影響を与えるものではありませんので、KAM の記載自体が、民事責任を直接増大させるとは考えにくいのです。

さらに、統治責任者、すなわち、監査役等にコミュニケーションした事項の中から KAM は記載されるということになると、監査手続が非常に大きく増加するということも想定しにくい。ただ、被監査会社がこんなことを書かれたら嫌だということは事実上あると思います。そのため、被監査会社と KAM の記載についてすり合わせを行うというのであると、監査人としてはそこで時間を要するということになるかもしれません。

このように、KAM を記載させることによっては、あくまでも理論的にはリスクが高まるわけではないし、コストも大きく増加するわけではないと思われるところですけれども、他方で、KAM に関する記載をさせることに、どの程度のベネフィットがあるのかというのは、KAM を読みこなす力が利用者の側、監査報告書の読者にあるかどうかということによるだろうと思います。

もちろん、情報としての有用性というだけではなく、先ほどわずかに触れましたけれども、KAM に関する記載にはコーポレートガバナンスに対するプラスの効果はあるかもしれない。すなわち、KAM に記載されると、監査役等はコミュニケーションされた事項について何かアクションを起こさなければいけないという気になるかもしれない。また、監査役等としては、KAM に記載されている以上は、やはりアクションは起こさなければいけないということを経営者に対して主張しやすくなるかもしれない。こういう副次的な効果はあるように私は思います。

ただ、コーポレートガバナンスに対する好影響は、監査部会での議論において想定されている中核的なベネフィットではなく、監査部会においては、あくまでも KAM が投資家の意思決定にとって監査報告書を理解する上での有用性というベネフィットに主として焦点が当てられています。

最初に申し上げましたように、現在の短文式というのは、どちらかというと十分な能力のない読者を想定して、読者が迷っては困る、読者がより適切に理解するためには、どの会社についても定型的な文言で監査意見が述べられているということがよいのだという思考に基づいております。しかしながら、現実には、普通の個人投資家が監査報告書をちゃんと読んでいるかというと、そうではないのではないかという気がいたすわけです。十分な能力を持たないような方が監査報告書の読者であるという想定は実は現実的ではなく、むしろアナリストとか機関投資家といった、比較的能力のある方が監査報告書を読むのだとすれば、そのような方々を念頭に置いた監査報告書であるべきだという発想がKAMに関する記載導入の背景にあるのかもしれません。

もちろん、これは会計についても同じことがおそらくあてはまります。かつては歴史的原価会計という考え方が主流でした。この背景にはおそらく比較的素人の人でも理解しやすいということもあったと推測されます。けれども、最近の会計基準に基づく情報は公正価値情報などをきわめて多く含んでいて理解しにくい、そして見積もり情報もたくさん入っております。このような状況が現在生まれてきているのは、おそらく財務諸表の利用者として必ずしも十分な能力を有しない方を想定するのではなく、むしろかなり高い能力を持っている読者を想定して財務諸表の作成が要求されているためであると見ることができそうです。そして、監査報告書との関係でも、同じように十分な能力を持った読者を想定して、どのようなことを監査報告書の内容にすべきかということが考えられるようになってきたとみることができるのではないかと考えられます。

Ⅷ. 継続企業の前提に関する事項の記載

引き続いて、KAM以外の記載事項に若干触れます。継続企業の前提に関する事項の記載です。

会社の倒産は、情報利用者、投資家、利害関係者にとって、やはり非常に大きな問題なので、現在の監査報告書においてのように、非常にシンプルに追記情報として記載されているだけでは不十分なのではないか、継続企業の前提に関する事項の記載はもう少し充実したほうがよいのではないか、このような問題意識を背景として、国際監査基準700が改訂されました。

財務諸表に対する経営者の責任との関連で、どのような場合に継続企業を前提として財務諸表を作成することが適切であるかが記載され、かつ、監査報告書中の監査人の責任のパートに記載すべきものとして、これまでと比較すると、相当のボリュームの記述を追加しています。すなわち、継続企業の前提との関係で、どのような役割で、どのような視点から監査人は監査をしているのかを書かせることにしています。とりわけ、重要なポイントといえるのは、「監査人は、重要な不確実性が存在する場合は、監査報告書において財務諸表の開示を参照し注意喚起すること、又は、重要な不確実性に関する財務諸表の開示が適切でない場合は、財務諸表に対して除外事項付意見を表明することが求められること」を記載すべきこととした点であると思います。

この記載はどのような意味を持つかと申しますと、除外事項が付された限定付意見が表明される一例として、継続企業の前提に重要な不確実性がある場合が含まれているのだということが明らかにされているので、監査報告書を隅から隅まで読むと、限定付適正意見は、単に監査手続を十分に実施できなかったという場合だけではなく、継続企業の前提が損なわれるおそれについてもシグナルを出しているということが理解できるということです。

そして、「監査人は、継続企業を前提として財務諸表が作成されている場合に、継続企業を前提として経営者が財務諸表を作成することが適切でないと判断したときは」、監査報告書に「否定的意見を表明する」、そして、「『否定的意見の根拠』区分において、状況を説明する」とされています。

同時に、財務諸表において開示が適切になされている場合であっても、「重要な不確実性について記載している財務諸表の開示への参照」や「継続企業の前提に重要な疑義を生じさせるような事象又は状況に関する重要な不確実性が認められる旨」を記載することによって、財務諸表を理解する上で重要な情報を提供しようと考えているということができます。

Ⅸ．その他の記載内容

次は、会社法の観点からするとなかなか難しい問題があるかもしれないと先ほど申しましたその他の記載内容です。現行会社法の下では、会計監査人の監査の対象は、計算書類、連結計算書類、そして臨時計算書類に限られておりまして、平成17年会社法では、事業報告を会計監査人の監査の範囲からわざわざ外しました。平成17年改正前商法特例法のもとでは、事業報告の前身である営業報告書の一部分は会計監査人の監査の対象だったものを、会社法では、会計監査人の監査の対象から外すために計算書類から事業報告を取り除いたのです。会社法の下では、会計監査人は計算書類、連結計算書類及び臨時計算書類以外は監査しないという建付けになっています。しかし、国際監査基準720は、「監査済財務情報を含む文書に含まれる」が、監査の対象になっていない情報である「その他の記載内容」についても監査人は一定の責務を負うという考え方を示しています。

すなわち、企業の年次報告書に含まれる財務情報及び非財務情報のうちで財務諸表及びその監査報告書を除いた部分が「その他の記載内容」です。ここで、財務諸表及びその監査報告書を除くというのは、監査報告の対象となっている部分を除くということです。我が国の場合、典型的には、有価証券報告書の中で財務諸表及び連結財務諸表以外の部分について、監査人がどのような責務を負うのかという問題になります。国際監査基準720では、監査人は通読することとされています。監査はしないけれども、非財務情報や財務情報のうち監査の対象でない部分も通読をし、その上で、その他の記載内容と財務諸表との間に重要な相違がないかどうか、そして、監査において入手した監査証拠と到達した結論の観点から、その他の記載内容と監査人が監査の過程で得た知識との間に重要な相違があるかどうかを考慮して通読し、検討をするものとされています。さらに、「監査人には、その他の記載内容を通読する際、財務諸表又は監査人が監査の過程で得た知識に関連しないその他の記載内容に重要な虚偽記載があると思われる兆候について留意することが求められる」とされておりまして、監査の対象ではないところについても、重要な虚偽記載について一定の範囲で留意しなければいけないことになっています。このことが、監査人が監査の対象ではないものについて責任を負うことになるのではないかという問題が実はあるのです。もっとも、現在ほどは要求事項が多いわけではありませんでしたが、改訂前の国際監査基準720、そして、それを採り入れた我が国の監査基準委員会報告書720でも、その他の記載内容についても通読することを求めております。そして、通読することによって重要な相違を識別したときには一定のアクションをとることを監査人に求めています。たとえば、重要な相違を発見した場合には、「その他の記載内容に修正又は訂正が必要であるが、経営者が修正又は訂正することに同意しない場合、監査人は、監査役等にその他の記載内容に関する監査人の懸念を知らせるとともに、適切な措置を講じなければならない」とされています。もっとも、どのような措置を講じるかということについては、さまざまな選択肢があります。また、その他の記載内容についても、重要な記載に気づいたら、経営者と協議せよとされ、経営者と協議しても経営者がそれを修正、訂正することに同意しないときには、監査役等に懸念を知らせるとともに適切な措置を講じることが監査人に求められています。この適切な措置の中には、監査人を辞任するという措置が含まれており、現在でもかなり多くの要求事項があります。ただ、これまでも、こうした義務が監査基準委員会報告書720により監査人に課されていたのですけれども、現在の監査報告書では、その他の記載内容を監査人が通読しているというようなことは全く書かれていませんし、監査人のその他の記載内容に関する責任についての記載もありません。ところが、改訂後の国際監査基準720、そして、現在、我が国で検討されているところによれば、「その他の記載内容」のパートに監査人がその他の記載内容について負っている責任を記載することになります。また、意見は表明しない、意見を述べることは要求されていないとされているものの、その他の記載内容に重要な虚偽記載があると思われる兆候について留意することが求められるとされています。そして、最後に、報告すべき事項があれば書くのですけれども、多くの場合は、たとえば、「当監査法人は、その他の記載内容に関して報告すべき事項はない」と記載することが想定されています。しかし、「報告すべき事項はない」との記載が監査人の民事責任との関係でどのような意味を持つのかということが、なかなかの難問であるような気がいたします。たしかに、金融商品取引法上は、監査人がどのような範囲の監査をするかについて、会社との監査契約で、「ここまで範囲に含めます」と定めることはできるのではないかと思われます。もちろん独立性が損なわれるような業務を引き受けてはいけないわけですけれども、監査の基準でその他の記載内容についても一定の任務を負うと定められれば、当然、契約によって監査の範囲、任務の範囲を拡張できると思われます。これに対して、会社法との関係では、会計監査人には事業報告について全く責任を負わせないように制度設計がされたと理解できることとの関係が問題となりえそうです。このような立法趣旨と、その他の記載内容について会計監査人が一定の責務を負うとすることが整合的か、この点が、今後、1つ問題となるような気がいたします。

最後に1点、将来の重要な課題であると考えている点を指摘させていただきます。すなわち、現時点では検討されていませんけれども、今後考えたほうがよいかもしれないと思われることは、単に通読する、あるいは虚偽記載またはその兆候があることにたまたま気づいたときだけ監査人が一定の役割を果たすということで十分なのかということです。たとえば役員報酬等は、我が国でも開示が求められていて、会社法上は事業報告で開示され、金融商品取引法上も、財務諸表、連結財務諸表及びその注記で開示されているのではなく、一種の非財務情報として開示されています。この開示情報の内容を監査人の監査の対象としなくてよいのかということが気になっています。たとえば、イギリスでは、取締役報酬報告書の監査可能部分は監査人が監査することになっていますし、EUの会計指令のもとでも、経営者報告書に記載されている内容について、国際監査基準720よりはもう少し広い範囲の任務を法定監査人に課しています。したがって、役員報酬等が財務諸表本体あるいはその注記で開示されていなくても監査人の目が入るのに対して、我が国の場合には、公認会計士・監査法人である監査人の監査報告の外側に置かれてしまっています。理論的には、役員報酬等は関連当事者との取引の典型です。そして、関連当事者との取引の注記は会計監査人あるいは金融商品取引法上の監査人の監査報告の対象とされています。ところが、たまたま役員に対する報酬、賞与、退職慰労金の支払いといった役員報酬等が関連当事者との取引の注記の対象でないために、監査の対象になっていないということが果たして適切なのかという問題意識です。役員報酬が注記の対象から外されているのは、株主総会において取締役の報酬等の上限なり総額なりを定めていることを主要な根拠としていると推測され、監査人の監査対象から当該情報を外すべき合理的な理由はないようにおもわれるところです。たまたま、注記の対象から外したことにより、反射的に会計監査人の監査対象から外れているのです。役員報酬に限りませんが、非財務情報と言われているものの中には、実は会計監査人あるいは金融商品取引法上の監査人の監査になじむような情報があります。他方、ある情報が、会社が一方的に作成したまま、監査を受けないで提供されるのでは、開示させることの意義が減殺されるのではないかという気がいたします。もちろん、監査役、監査等委員会、監査委員会がそのような情報について徹底的に監査をしているというのでしたら別ですけれども、そうでないとすると問題がありそうです。とりわけ、金融商品取引法に基づく開示との関連では、監査役等は業務監査の一環として有価証券報告書等の記載事項を監査しているはずでして、必ずしも個々の記載をチェックするということにはならないように思われます。このように考えてみますと、公認会計士・監査法人による監査の対象を、現時点では非財務情報と位置付けられているものの一部分に広げることも将来的には検討されてもよいのではないかと思っております。

討　議

神作会長　大変貴重かつ詳細なご報告をどうもありがとうございました。

それでは、ただいまの弥永先生のご報告につきまして、どの点からでも結構ですので、ご意見、ご質問をお願いいたします。

大崎委員　大変詳細なご報告をありがとうございました。KAM について２～３お伺いします。

まず１点目は、非常に単純な話なのですが、KAM は必ず記載することが前提とされているのか。あるいは、監査人はもちろんいろいろなところに注意を払いながら動くわけですけれども、監査のプロセスがスイスイと非常にスムーズに進んで、特段、社内の監査組織との何か難しいコミュニケーションなどもなかった場合には、何ら記載しないということも想定されるのか。その点をまず教えていただきたいと思います。

２点目は、KAM の仕組みが、内部統制報告監査制度と一体どういう関係にあるのかということです。内部統制報告監査のほうは、経営者が内部統制を構築、運営して、その適正性について調べた上で、それを監査します。KAM のほうは、監査組織とのコミュニケーションですから、確かに相手は違うのですけれども、観点は非常に似ているのではないかという気がするのです。

内部統制が適正に構築、運営されているということが恐らく財務諸表監査の大前提になるわけで、実際、先ほどの KAM の例の中にも、内部統制の重要な不備があった場合にはそれは KAM に当たるであろうというようなことが書いてあります。また、国際監査基準 720 の財務諸表以外の点についてもいろいろ留意せよという話も、内部統制報告監査制度の前提では、財務諸表以外の財務報告についても監査人がカバーすることになっています。日本のように内部統制についての監査と財務諸表についての監査を同一監査人が行うことを前提にしている制度ですと、極めてリダンダントというか、同じようなことを２つも３つも要求する制度になりはしないかという気がしました。その点についてご見解を伺えればと思います。

弥永報告者　まず第1点ですが、国際監査基準701では、KAMに該当する事項がない場合は、KAMのセクションに、それがない旨を記載すべきこととされており、極めて例外的にはKAMが記載されない場合もあり得ると考えられています。

もっとも、通常、監査役等との間で、監査上の重要な事項についてのコミュニケーションが行われないことはあり得ません。逆三角形の図の上から2つ目のところにあるようなもの、統治責任者に対してコミュニケーションすべき重要な事項は、必ずあるはずです。その中で特に重要な事項が監査上の主要な事項ですけれども、これはあくまでも相対的な概念です。大崎委員がおっしゃるとおり、絶対的に見ると、さほどの重要性はないと考えられる事項しか存在しないケースもありうると思われるのですけれども、KAMは相対的な概念ですから、監査役等にコミュニケーションした事項の中で最も重要なものがないということは、たとえば、上場会社の場合、きわめて考えにくいということができると思います。

また、例外的に書かれない場合が幾つか想定されています。例えば、不適正意見が表明される場合は、KAMが記載されない可能性が十分にあると考えられます。不適正意見が表明されるのは、連結財務諸表自体が企業の財政状態、経営成績及びキャッシュ・フローの状況を適正に表示していないということで、そこにKAMを書かせても追加的な情報としての意味を持たない可能性があるからです。たとえば、米国監査基準では、不適正意見の場合、不適正意見に至った理由が財務諸表利用者にとって最も重要であることを根拠として監査上の重要な事項、こちらはCritical Audit Matters、:CAMというのですが、その記載を要しないとされています。もっとも、国際監査基準では、不適正意見の場合は、最も重要な事項は「不適正意見の根拠」に記載されることからKAMに記載すべき事項がないことも想定されているものの、KAMの記載は求められています。また、意見不表明の場合も、KAMはあくまでも監査意見ではないという考え方ですから、意見を表明していないにもかかわらず、監査意見でないものだけは書こうというのはちょっと変だという問題もあり、国際監査基準では、重要な事項について監査証拠を得たと誤解されることを避けるため、KAM の記載は禁止されています。

このように、無限定適正意見が表明される場合が、KAM を記載させることが最も意味を持つ場合であると暗黙のうちに考えられていると思われます。無限定適正意見の場合に限定されているわけではありませんけれども、国際監査基準の制定過程の議論においても、また現在進行中の監査部会における議論においても、多くの場合は無限定適正意見が表明されており、それをよく理解するためには KAM が役に立つだろうということが導入に向けた議論の中心にあると思います。

第２点の内部統制との関係で言えば、おっしゃるとおり、内部統制の不備が監査上の重要な事項に当たる場合が理論的にあり得ると思います。今後、監査基準がどのような書きぶりになるか、実務にどのように当てはめられていくか必ずしも正確に予想できませんが、内部統制報告書との関係で監査人が表明していること、あるいは内部統制報告書から明らかにわかるようなことは、おそらく、KAM としては記載することは求められないことになるのではないかと思います。なぜなら、KAM は、ほかの情報源では得られないような情報を、監査意見をよりよく理解することを可能にするという目的で記載させるので、ほかの形でわかるようなものをあえて二重に書かせる必要はないからです。

また、除外事項を付した限定付適正意見の場合、その除外事項の中には、KAM の抽象的な定義で挙げられている事項に相当するものが含まれています。KAM にあたる可能性のある事項と除外事項は実は重なる可能性があって、除外事項に書かれたものは KAM として書く必要はないと考えられています。監査部会においても、無限定適正意見以外の意見、すなわち、限定付適正意見、不適正意見、意見不表明の場合には、当該意見に至った理由等が根拠区分を設けて記載されることとされているため、根拠区分に適切に理由等が記載されていることを前提とすれば、当該理由等を KAM として重複して記載する必要はないと指摘されていました。監査部会においては明示的には議論されていませんが、内部統制との関係でも、理論的には限定付適正意見との関係で言われていることとパラレルに考えられるのではないかと予想しております。

小出委員　途中で弥永先生が「KAM を開示したところで多くの投資家にはわからないだろう」とおっしゃっておられて、私もわからないのです。つまり、わかる機関投資家とかプロフェッショナルであれば、KAM の一体どういうところを判断されるのかというイメージがいま一つ湧かないのです。

間違っているかもしれませんけれども、私の理解は、KAM に書いたことは、例えばここが特に粉飾の危険が大きいとかそういうことを意味しているのではなくて、会計監査人が監査報告書をつくるに当たってこういう点を重要視したということをセレクトしていって書いたものだという理解です。そうすると、例えばA社の監査報告書の KAM と、B社の監査報告書の KAM を見たときに、投資家はそれをどう比較するのか。監査の水準というか、監査の品質のようなものを比較するのはもちろんだとすると、言い方が適切でないかもしれませんが、いっぱい書いたほうがいいのか。いっぱい書いてあるということは、会計監査人はそれだけいろいろなことを重視して一生懸命監査しましたというふうに理解されそうな気もするのですが、投資家は見るべき情報としてどういうところを見るべきでしょうか。

弥永報告者　KAM に関する記載は、他の会社の監査報告に含まれている KAM に関する記載と比較することを想定しているというよりは、その被監査会社の財務諸表に対する監査意見をよりよく理解できるようにするという趣旨でなされる前提になっています。

典型的には、無限定適正意見といっても、そこには重要性についての判断が当然入っています。正確な表現はちょっと難しいのですけれども、この会社の財務諸表の数字は、見積もりの要素が非常に大きい。財務諸表上、ある数値が一応示されているけれども、その数値はあまり硬くない、一義的に決まるというより、ある程度の幅のある数字であるということは、見積もりの要素が含まれる場合には常に存在しています。そこで、財務諸表利用者としては、判断にあたって、そのような特性にかなり注意を払わなければならない。「この点について監査人も注意を払って検討しました」とKAMとして書いてあれば、財務諸表の利用者としては、監査報告書に示されているKAMの記載を見ることによって、この会社の財務諸表を分析するときは、この点に注意して読まなければいけないということが理解できる、これがKAMの情報としての1つの意義だと思われます。

結局のところ、無限定適正意見といっても、それは財務諸表上の数値が1円の誤りもなく正しいということを意味しているわけではありません。財務諸表上の数値は、一定の仮定と、一定の前提と、一定の見積もりに基づいてつくられています。さらに、内部統制との関係で申すならば、そこには一定の限界が常にあるわけです。

KAMの例との対応で申しますと、第1点は、見積もり、仮定、前提があることによって、もともと財務諸表上の数値の硬さは必ずしも十分でない、そこにはある程度の幅があるということを認識しなければいけないということをKAMはその読者に教えてくれると思います。

第2点、監査のプロセスにおいて、十分かつ適切な監査証拠の入手を含め、重要な困難に直面したという事実です。十分かつ適切な監査証拠を入手できなければ監査意見を表明してはいけないのですけれども、仮に無限定適正意見が表明されていても、そこでは重要性の判断などに基づいて、意見が表明されているだけであって、無限定適正意見を表明するにあたっては一定程度の割り切りがされている、無限定適正意見が表明されていても、そこは場合によると少し割り引いて考えなければいけない、そういうことを投資家として考えるか考えないかの参考になり得るということだと思います。

第3点は、内部統制の重要な不備が識別されたことによるものを含め、監査について計画したアプローチの重要な変更が必要となったということですが、当該被監査企業の財務諸表監査において、より慎重な手続き、他の会社の監査またはその会社の過去の監査とは違ったアプローチをとることが必要になったということは、その会社の財務諸表の作成のプロセスについて一定の警戒が必要であると申しますか、そこまで強い意味ではないのですけれども、そういったことを示唆します。したがって、監査人は重要性を踏まえて無限定適正意見を表明できると判断したかもしれないけれども、ひょっとするとこの数値は少し割り引いて考えなければいけない、あるいは重要でないリスクがあるかもしれないということが、このKAMを見ると、利用者にもある程度理解できる。

もちろん、KAMに関する記載によって、このようなことが完全にわかるのかと言われたら、必ずしもそうではないのは当然です。けれども、監査意見を理解するときに、この点は、ほかの先生方がどのように評価されるかわかりませんが、私が個人的に持っているイメージとしては、無限定適正意見が表明されていても、それは100%硬い意見というよりは、一定の仮定、一定の限界のもとでの意見であることを踏まえる必要があり、KAMに関する記載はこの点を理解するための有用なツールといえると思います。

もちろん、KAMに関する記載からこのような情報を的確かつ十分に読み取れるかどうかといえば、普通に読んだだけでは、KAMに関する記載のどこが情報として役に立つのか、多くの読者にとってはわからないのではないかとも思われるところです。機関投資家やアナリストであれば、読み取れるのかというと、それもまたその一人一人の能力と経験によると思われます。ただ、今後、KAMに関する事項が記載されることになると、それを前提として、今後いろいろなことが起きたときに「このようなことが書かれていると、リスクが少しあるのだな」ということなどが学習されていくので、現段階ではKAMに関する記載は十分に役に立たないかもしれませんけれども、経験を積んでいくうちに役立つ度合いが高まっていく可能性があるのではないかと考えております。

小出委員　45ページと46ページに例として出されているものを拝見すると、のれんにせよ、金融商品の評価にせよ、こういったものは、もちろん各企業によって違うことはあるかもしれませんが、企業を問わず一般的に不確実な数字だと思うのです。そうすると、42ページの逆三角形の中で、ISA260の重要事項から絞り込みをしていく過程で、どういうものを絞り込んでKAMに表示していくのか。45ページ、46ページで言えば、例えばのれんの残高とか、金融商品への投資残高の何かに対するパーセンテージとか、そういう量的な基準を中心に絞り込んで記載されていくことになるのか。つまり､「のれんや金融商品があるのに、こういったものをKAMに書かない」というのは、どういう絞り込みがなされた結果なのかという質問です。

弥永報告者　KAMに関する記載を求める目的は、究極的には財務諸表が適正に表示されているかどうかを利用者が理解する上での役立ちなので、多くの場合は、おっしゃるとおり量的な重要性が非常に大きな位置を占めると思います。もっとも、内部統制と関係するKAMは、量的な重要性ではなく、むしろ質的な面での重要性に着目して､絞り込まれることになると思います。

河村委員　イギリスの例を見ていますと、KAMの情報は、投資家にとって非常に有益な情報であるという評価になっていると思います。その場合、投資家にとって有益な情報というのは、投資判断だけではなくて、エンゲージメントについても、対話をするきっかけとして有益な情報であるという評価になっていると思います。

ただ、私の理解が間違っていたら教えていただきたいのですが、イギリスは、株主総会前にアニュアル・レポートと、KAMが記載された監査報告書が出てきて、それを前提にしてエンゲージメントなり株主総会での質疑応答がなされていて、それを踏まえた上で投資家にとって有益な情報だという評価になっているのではないかと思うのです。日本の場合、金融商品取引法の有価証券報告書の監査報告書での対応ということになると、多くの会社が定時総会前には有価証券報告書を提出していないので、実は状況がイギリスとかなり違うのではないか。そうだすると、同じような効果が本当に得られるのかというのが私の疑問です。

もしこれを改善するのであれば、有価証券報告書の総会前提出を後押ししていくか、あるいは弥永先生も先ほどのお話の中で何度か発言されていましたけれども、会社法の会計監査人の監査報告においても透明化を正面から受け入れていくことが考えられると思います。それから、会社法の会計監査人の監査報告だけでなく、監査役等の監査報告においても、会計監査人とのコミュニケーションの結果、監査役等がどう対応したのかを記載させることによって、そこで初めて総会前に投資家、株主等に有益な情報を提供していくという効果が得られるのではないかという気がします。金商法のほうの対応だけではなくて、会社法のほうも、会計監査人の監査報告、監査役等の監査報告の中で、監査報告の透明化を正面から受け入れていくべきではないかという点について、先生はどうお考えになっておられるのかというのが私の質問の１点目です。

２点目は、小出先生の今のご質問と関係するのですが、量的な重要性に関して言うと、イギリスの場合、独立監査人の監査報告書で、重要性についての具体的な基準がたしか挙がっていると思います。私はテスコの監査人報告書を見たのですけれども、税引き前当期利益の５％を基準にしてマテリアリティーを考えていくということが記載されていたと思います（河村注：正確には、Tesco PLCのAnnual Report 2017に含まれているIndependent auditor's reportには、「The materiality that we used was £50m(2015/16: £50m), based on 5% of a normalised profit before tax」(p.79) などの記載があります)。こうした具体的な基準を書くかどうかといった議論が日本においてなされているのかどうか。先生がおっしゃった監査人の相場観というか、そういうものを投資家に伝えていくためには、具体的にどういう基準で重要性を評価しているのかというところが明確になっていないと、なかなか利用者に伝わらないのではないかと思うのです。そのあたりの議論について先生はどうお考えになっておられるのか、お聞きできればと思います。

弥永報告者　まず、第２点のほうから申しますと、確かにイギリスは重要性の判断基準を開示することを要求していて、これはイギリス特有と言うことができます。他のEU諸国でも同様の情報の提供は要求されているのですが、一般的な投資家がアクセスできる監査報告書ではなく、監査報告書という名前が付されているかは別として、監査人から監査委員会へのコミュニケーションツールである書類においてです。

このように、重要性の基準値を一般的に投資家に広く知られる形で示すことを求めている国は少ないです。河村先生がご指摘のように、この情報があれば、それなりの能力のある投資家は監査報告にどのような限界があるのかを知りやすくなるだろうと思います。イギリスは、進んでいると言えば進んでいるのですけれども、ちょっと変わっていると捉えるむきもあります。この点については、日本ではまだ議論されていないというのが事実です。

第1点について申すならば、イギリスにおける実務はなかなか先進的で、先生がご指摘されたことに加えて、KAM にレスポンスするような監査委員会によるかなり詳細な開示が要求されています。イギリスは、監査人による KAM に関する記載と、監査委員会の報告書における KAM に関する記載との組み合わせによって、先ほどおっしゃったようにコーポレートガバナンス上の効果を非常に高めていると思います。

したがって、コストとベネフィットという観点からすれば、日本でも、監査役、監査役会、監査等委員会、監査委員会の構成員が、KAM に関する記載に十分な対応をできるだけの能力を持っているのだったら、ベネフィットは相当大きいと思います。ただ、我が国の場合は、法律で特に要求しなくても、少なくとも会社法上の会計監査報告に KAM を任意に書くことはできますし、監査役等もその監査報告で KAM に関する記載へのレスポンスをすることは妨げられていません。

会社法上の会計監査報告について、会社計算規則は、先ほど申したように、金融商品取引法上の監査について定める監査証明府令とは異なりかなり緩やかな規定ぶりで、さまざまな情報を、任意に書くことはできます。投資家が対話を通じて会社に対して「会計監査報告に KAM を書いてもらうようにせよ」と働きかければ、それを書くことは会社法上、全く問題はありません。1月26日開催の監査部会では、法務省の竹林さんが、会社法上どのように位置づけられるかについてご紹介くださいました。竹林さんも、会社法上はKAMに関する記載をしたければしてよい、とおっしゃっていましたので（企業会計審議会 第41回監査部会議事録［http://www.fsa.go.jp/singi/singi_kigyou/gijiroku/kansa/20180126.html］）、私だけがそう信じていたわけではないということで安心しました。

このように、任意にKAMに関する事項を会計監査報告に記載してもらうように投資家が仕向けることは我が国でもできます。ただ、作成者側、すなわち、被監査会社の側は、KAMを会計監査人に勝手にさっさと書かれるのも困るとおっしゃっていて、あらかじめ聞いておきたい、そして、KAMに関する監査人の記載を左右できないにしても、それなりの要望はしたいと思っていると推測されるところです。この場合、先ほど河村先生がご指摘になられたように、株主総会に向けての現在のスケジュールですと、5月の上旬ぐらいまでに会計監査報告ができ上がっているというのが一般的で、6週間程度でしっかり監査してもらって、かつKAMに関する記載の内容も固めるというのは、タイムスケジュール的にはなかなか厳しいのが実態です。

このように考えてみますと、株主総会の時期を後ろに動かしてもらうか、あるいは、現在、法制審議会の部会で電子開示という方向を検討してくださっているようですけれども、電子的な提供の中で仮に書面交付請求権を排除することになれば――そうはならないようですが、会社は会計監査報告を5月の上旬でなく、5月の下旬あるいは6月の上旬ぐらいに受け取っても遅くはなく、その段階であればKAMに関する記載をしてもらうことは実務上無理なくできるのかもしれません。株主総会の時期を動かさなくても、株主に対する監査報告書の提供についての仕組みが変わることによって、十分な時間的余裕を確保することはできるように思われます。

実際、現在の会社法のもとでも、連結計算書類の会計監査報告の内容は、定時株主総会で報告をしなければいけないことになっているのですが、定時株主総会の招集に際して会計監査報告を提供する必要はありません。現実には皆さん提供されていますけれども、別に提供しなくてよいとされています。

連結計算書類の会計監査報告との関係では、それは必ずしも株主総会の招集に際して提供することが求められていないのですから、連結計算書類の会計監査報告にKAMに関する記載をしてもらうだけであれば、現在の状況のもとでも時間的余裕はひょっとしたらあるのかもしれません。

もちろん、一般的に、会社は連結計算書類の会計監査報告の写しを他の書類と一緒に株主さんに送っておりますけれども、送らないことも法律上はできるので、現行制度のもとでも、株主さんたちが、連結計算書類の会計監査報告の内容を知ることができる時期が遅れてもよいからKAMを書いてほしい、つまり招集通知に添付されていなくてもよいから連結計算書類の会計監査報告にKAMを書いてほしい、株主総会でKAMの内容を報告してもらえば十分と言うのだったら、それは可能かもしれません。いずれにいたしましても、私が観察している限りでは、会社法監査の会計監査報告にKAMに関する記載を含めることについて、作成者である企業の方々は時間的な制約をかなり強く懸念されているというのが実態だと思います。

松尾（直）委員　３点あるのですが、時間が余りないので端的にお願いします。

まず１点目は、大変勉強になったのですけれども、資料の29ページに国際監査・保証基準審議会（IAASB）の検討事項があり、きょうのご説明全体を聞いていましたら、ここに書かれているもののうち、日本では監査基準委員会報告書720、監査基準委員会報告書570が既に出ています。KAMも企業会計審議会監査部会で審議を始めたので、結局、継続企業の前提に係る国際監査基準への対応を日本側でどう受けとめるかというのが、まだ議論されていない状況なのでしょうか。

弥永報告者　かなり簡単に頭出しされているだけです。詳細はまだ検討されておらず、KAM以外のその他もろもろのうちの１つとして入ってきているにとどまっています。実は、日本公認会計士協会の監査基準委員会報告書の570や720は、まだ最新の国際監査基準570や720に合わせていません。改訂前の570や720と、我が国の現在の監査基準委員会報告書とは基本的に一致しており、差はないのですけれども、追加された要求事項はまだ監査基準委員会報告書に反映されていません。最初にご説明したように、監査基準が改正され、頭出しをしてくれれば、日本公認会計士協会は、改訂後の国際監査基準570及び720に監査基準委員会報告を合わせるつもりだと思います。

松尾（直）委員　2点目は、43ページについてです。私は上場会社である監査等委員会設置会社の監査等委員兼社外取締役をしていて、監査法人は、公表されていますけれども、いわゆるビッグフォーなので、実務上は既にこういうプロセスは行われていると認識しています。

今回の話は、そういうプロセスを監査報告書に書こうという話なのですけれども、監査等委員会と監査法人のコミュニケーションというのは動的なプロセスで、一般論としては、例えば年度の途中に監査法人が何か課題を指摘して、それについて会社の「統治責任者」のほうが「そうですね」と受けとめて改める、そういうことの繰り返しのようなものだと思います。投資家にとっては今の監査報告書は中身がないというのはそのとおりだと思うのですけれども、この動的なプロセスを細かいところまで一々公表するのか。結局、実務的には、監査上の主要な事項とは何かについての経営サイドと監査法人サイドのせめぎ合いの問題になってしまうのではないかという心配があるのですけれども、先生はそれでも透明化したほうがいいというお考えですか。

弥永報告者　KAMに関する記載が、投資情報などとしてどれぐらいの価値があるのかという点について申しますと、このような情報が記載されたからといって読みこなすことは、現時点では多くの人間にとって難しいと私も思います。

しかし、ガバナンスの観点からすれば、いつになるのか今のところ見通しははっきりしていませんが、仮に、KAMに関する記載要求が、会社法上、入ってくるということになれば、先ほど報告の中でもちょっと申しましたように、記載されたKAMのようなことが監査役等にコミュニケーションされているということが投資家、利用者に判明するので、監査役等としては、会計監査人からコミュニケーションされた事項の中でKAMとして書かれるような事項については、株主総会で「コミュニケーションされた事項に、ちゃんと対応したのですか」と追及されることになるので、キチンと真剣に対応しようという気になるのではないかという面がおそらくあると思うのです。

このようなことを申しますと、KAMに関する記載導入を推進していらっしゃる方にかなり怒られるかもしれませんが、KAMに関する情報が投資意思決定等における情報として、現時点で、とても役に立つかという点については、個人的には懐疑的です。他方、コーポレートガバナンスの観点からは、監査役等の方々がちょっと真剣になるかもしれない。既に真剣な方々がたくさんおられますが、そうではないわずかな人たちを強く後押しすることになる。さらに、監査役等が経営陣に何か言うときにも、自分たちがそのように考えているからというよりは、後ろ盾があったほうが強く言えるのではないか、KAMに関する記載には、監査役等の経営陣に対するバーゲニングパワーもひょっとすると高める面があるのではないか、ガバナンスの改善という面に着目するとそのようなことが期待できるかもしれないという気がいたすのです。

松尾（直）委員　74ページの監査基準委員会報告書720ですけれども、ここでは監査人はまず経営者に言って、その後に監査役等に行くことになっています。しかし、実務上は、強力な監査等委員会であれば、監査等委員会のほうに先に言ってくれたほうがいいと思うのです。しかも、先生がご指摘のとおり、会社法では監査法人の経営者に対する権限がはっきりしないという問題もあります。何でこういう順番なのかなと実務的には思うのですけれども、先生はどうお考えですか。

弥永報告者　監査基準委員会報告書720は、その公表当時の国際監査基準720を、よほど日本の制度に合わないところは修正するけれども、できる限りそのまま取り込むという方針でつくられていて、我が国の会社法制とはちょっと整合していない点があるのです。アングロサクソン系の国では監査人がまず経営者に話をするという手順が一般的なので、国際監査基準はそのように書かれているのだと思います。しかし、我が国の場合、会社法の仕組みとして、会計監査人と経営者との間に監査役、監査役会、監査等委員会または監査委員会が入っているという機関構造をとっているので、これとの関係で言うと、ちょっと違和感が残る状態になってしまっているということです。

監査基準委員会報告書では、「経営者（及び適切な場合、監査役等）と」協議せよとされており、これは、経営者とは必ず協議しなさい、必要なときは監査役等とも協議しなさいという書きぶりですけれども、我が国の場合、「監査役等（及び適切な場合、経営者）と」協議せよということが会社法の建付けからは自然なのです。そこで、監査基準委員会報告720について申すならば、法制度との整合性が気になり、国際監査基準が想定している会社の機関構造と日本のそれとが違うということがとりわけ気になるところです。

加藤委員　時間もありませんので、1点だけ感想を申し上げます。KAMと財務諸表の注記の関係についてです。KAMの例として45ページと46ページでご紹介いただいたのれんとか、金融商品の評価については、注記にも詳細な説明があると思うのです。KAMは、そのような注記の内容に何かプラスアルファの情報を投資家に提供するのでしょうか。例えば「金融商品は内部開発モデルに基づき評価されている」と言われても、結局、内部開発モデル自体が明らかになっていないと情報としての意味が乏しいように思いました。

弥永報告者　もっと詳しく注記で書かれているだろうという前提なのです。KAMに関する記載が追加的な情報を提供しているというよりは、注記で書かれていることに目を向けさせるという構造なのです。

松井（智）委員　今のお話をずっと伺っていて、何を書くことになるのかということについて、量的な重要性のあるもの以外に質的なものが含まれ、かつ内部統制報告監査と別のものとなると、質的に重要なものということで、例えば利益相反的な縁故者との取引とか、報酬がどうのとか、財務諸表の正確性とは余り関係がないけれども問題があることを見つけてしまうことがあるかと思うのです。その場合にこれを指摘して修正されなかった、しかしそれを書かなかったということになると、先ほどのせめぎ合いのような話ですけれども、このことについて責任を問われるとか、その判断プロセスについて外から何か言われるとか、そういうことを監査法人が心配するのではないか。それについて先生はどうお考えか伺いたいと思います。

弥永報告者　利益相反取引が、関連当事者との取引という注記において適切に開示されていないケースがKAMになるかといえば、多くの場合、額が大きくなければKAMにはあたらないと思います。ただ、とりわけ、その他の記載内容との関係でせめぎ合いになるということが、720との関係では十分にあります。そのときに、監査人が言いなりになってしまったとしても、それは必ずしも財務諸表上の不実記載、虚偽記載ではないので、金融商品取引法上あるいは会社法上の虚偽記載に基づく責任は出てこないのでしょうけれども、監査人として1つ気になるのは、会社法429条1項が定める一般的な第三者に対する責任の成否が問題となるという点です。

もう1つ、監査人にとって最近非常に怖いのは、金融庁の行政処分あるいは日本公認会計士協会の懲戒処分です。かつては、日本公認会計士協会は会員に対する処分にきわめて謙抑的だったのですが、最近は、日本公認会計士協会のホームページを見ていますと、かなり、頻繁に処分しています。金融庁が処分したケースではないものであっても、数的にみると、かなり、処分しています。この点からは、公認会計士または監査法人としては、監査基準委員会報告をきちん守っておかないと、民事責任までは負わないにしても、何らかの不利益をこうむる可能性があると想定できます。

たしかに、せめぎ合いが起きたときに、監査報告書を発行しないとか、監査契約を解除するとか、そのようなことを本当に大胆にできるかと言われると、それは非常に難しいかもしれません。とりわけ、監査基準委員会報告書720との関係で言えば、監査人は、自分のバーゲニングパワーが関与先、すなわち、被監査会社よりも強ければ、「監査報告書を発行しませんよ」とか「監査契約を解除しますよ」と言えるけれども、バーゲニングパワーが十分にないと、えてして、うやむやになってしまい、後で何か問題が発覚すると、大変なことになると思います。

もっとも、私の観察によると、最近では、少なくとも、ビッグフォーの監査法人は意外と関与先を整理しています。その会社のリスクに見合った監査報酬をもらえていないと思うと、そこは諦める。東芝のようなところを相手するときはまた別かもしれませんけれども、そうでないところは、大きい監査法人に契約を打ち切られて、もう少し小規模なところへ、小規模な監査法人に打ち切られると個人会計士へと移っています。

そして、上場会社の監査との関係では、日本公認会計士協会が上場会社監査事務所登録制度を設けておりまして、これを前提に証券取引所が上場会社監査事務所として登録されているものによる監査を要求していますので、東証に上場している会社の場合、個人会計士が監査できるという場合はかなり限定されてしまっています。したがって、上場会社に限れば、どこかで歯どめがかかる仕組みにはなっております。

神作会長　まだご議論が尽きないところかと存じますけれども、連絡事項もございますので、質疑はこれで終わらせていただきたいと思います。弥永先生、大変貴重なご報告をありがとうございました。

２点、ご連絡を申します。

まず第１は、お手元に「金融商品取引法研究会（今後の日程（案））」と題する資料をお配りしています。これは先日皆様にお願いしたアンケートの結果を踏まえ、各回のご報告者とご報告テーマの案を整理したものです。委員の皆様のご理解とご協力をお願いできればと存じます。

この表のうち、ご報告テーマにつきましては、ほかの委員のご報告テーマと重ならないという条件のもとで柔軟にお考えいただいて、場合によっては変更もあり得るとご理解いただければと思います。もしテーマを見直される場合には、早目に事務局にご一報いただけましたら大変幸いです。

次に、２点目は次回の研究会についてのご案内です。お手元の議事次第にございますように、次回は４月12日、木曜日の午後２時から、大崎委員に「フェア・ディスクロージャー・ルールについて」と題してご報告をいただく予定となっておりますので、ご予定のほうをよろしくお願いいたします。また、当日は、研究会終了後に懇親会を設けていただくこととなっておりますので、こちらもあわせてご参加いただければ幸いです。

私の不手際で時間を若干超過して申しわけありませんでした。本日の研究会はこれで閉会とさせていただきます。どうもありがとうございました。

資料

監査報告書の見直し

筑波大学
弥永　真生

現在の監査報告書

- 金融商品取引法193条の2第1項

金融商品取引所に上場されている有価証券の発行会社その他の者で政令で定めるもの…が、この法律の規定により提出する貸借対照表、損益計算書その他の財務計算に関する書類で内閣府令で定めるもの…には、その者と特別の利害関係のない公認会計士又は監査法人の監査証明を受けなければならない。(以下、略)

現在の監査報告書

- 金融商品取引法193条の2第5項

第1項及び第2項の監査証明は、内閣府令で定める基準及び手続によつて、これを行わなければならない。

現在の監査報告書

- 監査証明府令3条2項

前項の監査報告書、中間監査報告書又は四半期レビュー報告書は、一般に公正妥当と認められる監査に関する基準及び慣行に従つて実施された監査、中間監査又は四半期レビューの結果に基いて作成されなければならない。

現在の監査報告書

- 監査証明府令3条3項

…企業会計審議会により公表された次に掲げる監査に関する基準は、前項に規定する一般に公正妥当と認められる監査に関する基準に該当するものとする。ただし、第5号に掲げる基準は、次項の規定により適用される場合に限る。

一　監査基準
二　中間監査基準
三　監査に関する品質管理基準
四　四半期レビュー基準
五　監査における不正リスク対応基準

現在の監査報告書

- 監査証明府令3条3項

…企業会計審議会により公表された次に掲げる監査に関する基準は、前項に規定する一般に公正妥当と認められる監査に関する基準に該当するものとする。ただし、第5号に掲げる基準は、次項の規定により適用される場合に限る。

一　監査基準

二　中間監査基準

三　監査に関する品質管理基準

四　四半期レビュー基準

五　監査における不正リスク対応基準

現在の監査報告書

当監査法人は、金融商品取引法第193条の2第1項の規定に基づく監査証明を行うため、「経理の状況」に掲げられている○○株式会社の平成28年4月1日から平成29年3月31日までの第○期事業年度の財務諸表、すなわち、貸借対照表、損益計算書、株主資本等変動計算書、キャッシュ・フロー計算書、重要な会計方針、その他の注記及び附属明細表について監査を行った。

財務諸表に対する経営者の責任

経営者の責任は、我が国において一般に公正妥当と認められる企業会計の基準に準拠して財務諸表を作成し適正に表示することにある。これには、不正又は誤謬による重要な虚偽表示のない財務諸表を作成し適正に表示するために経営者が必要と判断した内部統制を整備及び運用することが含まれる。

現在の監査報告書

監査人の責任

当監査法人の責任は、当監査法人が実施した監査に基づいて、独立の立場から財務諸表に対する意見を表明することにある。当監査法人は、我が国において一般に公正妥当と認められる監査の基準に準拠して監査を行った。監査の基準は、当監査法人に財務諸表に重要な虚偽表示がないかどうかについて合理的な保証を得るために、監査計画を策定し、これに基づき監査を実施することを求めている。

監査においては、財務諸表の金額及び開示について監査証拠を入手するための手続が実施される。監査手続は、当監査法人の判断により、不正又は誤謬による財務諸表の重要な虚偽表示のリスクの評価に基づいて選択及び適用される。

財務諸表監査の目的は、内部統制の有効性について意見表明するためのものではないが、当監査法人は、リスク評価の実施に際して、状況に応じた適切な監査手続を立案するために、財務諸表の作成と適正な表示に関連する内部統制を検討する。また、監査には、経営者が採用した会計方針及びその適用方法並びに経営者によって行われた見積りの評価も含め全体としての財務諸表の表示を検討することが含まれる。

当監査法人は、意見表明の基礎となる十分かつ適切な監査証拠を入手したと判断している。

2018/2/7　　筑波大学ビジネスサイエンス系　弥永真生　　8

現在の監査報告書

監査意見

当監査法人は、上記の財務諸表が、我が国において一般に公正妥当と認められる企業会計の基準に準拠して、〇〇 株式会社の平成29年3月31日現在の財政状態及び同日をもって終了する事業年度の経営成績及びキャッシュ・フローをすべての重要な点において適正に表示しているものと認める。

利害関係

会社と当監査法人又は業務執行社員との間には、公認会計士法の規定により記載すべき利害関係はない。

現在の監査報告書

- 監査証明府令4条1項

前条第一項の監査報告書、中間監査報告書又は四半期レビュー報告書には、次の各号に掲げる区分に応じ、当該各号に定める事項を簡潔明瞭に記載し、かつ、公認会計士又は監査法人の代表者が作成の年月日を付して自署し、かつ、自己の印を押さなければならない。(中略)

一　監査報告書　次に掲げる事項

イ　監査の対象

ロ　経営者の責任

ハ　監査を実施した公認会計士又は監査法人の責任

ニ　監査の対象となつた財務諸表等が、一般に公正妥当と認められる企業会計の基準に準拠して、当該財務諸表等に係る事業年度（連結財務諸表の場合には、連結会計年度。以下同じ。）の財政状態、経営成績及びキャッシュ・フローの状況を全ての重要な点において適正に表示しているかどうかについての意見

ホ　追記情報

ヘ　公認会計士法第25条第2項（同法第16条の2第6項及び第34条の12第3項において準用する場合を含む。以下同じ。）の規定により明示すべき利害関係

(以下、略)

現在の監査報告書

- 監査証明府令4条

3　第1項第1号イに掲げる監査の対象は、監査の対象となつた財務諸表等の範囲について記載するものとする。

4　第1項第1号ロに掲げる経営者の責任は、次に掲げる事項について記載するものとする。

一　財務諸表等の作成責任は経営者にあること。

二　財務諸表等に重要な虚偽の表示がないように内部統制を整備及び運用する責任は経営者にあること。

現在の監査報告書

- 監査証明府令4条5項

第1項第1号ハに掲げる監査を実施した公認会計士又は監査法人の責任は、次に掲げる事項について記載するものとする

一　監査を実施した公認会計士又は監査法人の責任は独立の立場から財務諸表等に対する意見を表明することにあること。

二　監査が一般に公正妥当と認められる監査の基準に準拠して行われた旨

三　監査の基準は監査を実施した公認会計士又は監査法人に財務諸表等に重要な虚偽の表示がないかどうかの合理的な保証を得ることを求めていること。

四　監査は財務諸表項目に関する監査証拠を得るための手続を含むこと。

五　監査は経営者が採用した会計方針及びその適用方法並びに経営者によつて行われた見積りの評価も含め全体として財務諸表等の表示を検討していること。

六　監査手続の選択及び適用は監査を実施した公認会計士又は監査法人の判断によること。

七　財務諸表監査の目的は、内部統制の有効性について意見を表明するためのものではないこと。

八　監査の結果として入手した監査証拠が意見表明の基礎を与える十分かつ適切なものであること

現在の監査報告書

- 監査証明府令4条6項

第1項第1号ニに掲げる意見は、次の各号に掲げる意見の区分に応じ、当該各号に定める事項を記載するものとする。

一　無限定適正意見　監査の対象となつた財務諸表等が、一般に公正妥当と認められる企業会計の基準に準拠して、当該財務諸表等に係る事業年度の財政状態、経営成績及びキャッシュ・フローの状況を全ての重要な点において適正に表示していると認められる旨

二　除外事項を付した限定付適正意見　監査の対象となつた財務諸表等が、除外事項を除き一般に公正妥当と認められる企業会計の基準に準拠して、当該財務諸表等に係る事業年度の財政状態、経営成績及びキャッシュ・フローの状況を全ての重要な点において適正に表示していると認められる旨並びに除外事項及び当該除外事項が当該財務諸表等に与えている影響又は実施できなかつた重要な監査手続及び当該事実が影響する事項

三　不適正意見　監査の対象となつた財務諸表等が不適正である旨及びその理由

現在の監査報告書

- 監査証明府令4条7項

 第1項第1号ホに掲げる事項は、財務諸表等規則第8条の27又は連結財務諸表規則第15条の22の規定による注記[継続企業の前提]に係る事項及び会計方針の変更、重要な偶発事象、重要な後発事象等で、監査を実施した公認会計士又は監査法人が強調し、又は説明することが適当と判断した事項について区分して記載するものとする

近年の提言

- **監査基準の改訂及び監査における不正リスク対応基準の設定に関する意見書**（平成25年3月26日）

　監査報告書の記載内容の見直し、特別目的の財務報告に対する監査の位置づけを監査基準上明確にするかどうか、といった論点も議論されたところであるが、国際的な議論の動向や利用者のニーズに関する調査等を踏まえつつ、今後、当審議会において検討を行うこととしている。

- **監査基準の改訂に関する意見書**（平成26年2月18日）

　なお、監査部会の審議においては、監査報告書の記載内容に関し、国際的な見直しの動向についても議論されたところであり、引き続き検討を行うこととしている。

近年の提言

- **金融庁　会計監査の在り方懇談会の提言**（平成28年3月18日）

　このような、いわば「監査報告書の透明化」について、株主等に対する情報提供を充実させる観点から、我が国においても検討を進めるべきである。

- **金融庁　「監査報告書の透明化」について**（平成29年6月26日）

「透明化」の導入が国際的に進められる中で、我が国においても会計監査の透明性向上は重要な課題であり、今後、企業会計審議会において、上記の実務上の課題についての検討を含め、「透明化」について具体的な検討を進めていくことが期待される。

　その際、実務上の課題を抽出するため、日本公認会計士協会が大手監査法人や監査先企業、その監査役等と必要な連携をして、直近の終了した会計監査を対象に、KAM を試行的に作成する取組みを行い、検討に当たっての参考とすることが有益であると考えられる。

近年の提言

- これらの背景には、国際監査基準(及び米国の監査基準)の動向がある
- 米国を除き、先進国は、国際監査基準をほぼそのまま国内の監査基準としている
- 日本公認会計士協会監査基準委員会報告書も国際監査基準をおおむね取り込んでいる⇔ただし、日本では、『監査基準』などが上位規範であるなどの制約が存在

監査部会における検討

- 企業会計審議会総会 (平成29年9月8日開催)

本日ご審議をいただきました「監査報告書の透明化」については今後、監査部会でご審議をいただくこととしてはどうかと考えておりますけれども、そのようにさせていただくということでよろしいでしょうか。

- 企業会計審議会第38回監査部会(平成29年10月17日開催)より審議開始

監査部会における検討

- 監査上の主要な事項(いわゆるKAM）の記載
- 監査報告書の記載順序の変更
- 継続企業の前提に関する事項の記載
- その他の記載内容についての記載

検討されている監査報告書(1)

監査意見

当監査法人は、金融商品取引法第193条の2第1項の規定に基づく監査証明を行うため、「経理の状況」に掲げられている〇〇株式会社の平成28年4月1日から平成29年3月31日までの第〇期事業年度の財務諸表、すなわち、貸借対照表、損益計算書、株主資本等変動計算書、キャッシュ・フロー計算書、重要な会計方針、その他の注記及び附属明細表について監査を行った。

当監査法人は、上記の財務諸表が、我が国において一般に公正妥当と認められる企業会計の基準に準拠して、〇〇株式会社の平成29年3月31日現在の財政状態及び同日をもって終了する事業年度の経営成績及びキャッシュ・フローをすべての重要な点において適正に表示しているものと認める。

監査意見の根拠

当監査法人は、我が国において一般に公正妥当と認められる監査の基準に準拠して監査を行った。当該基準のもとでの当監査法人の責任は、本報告書の「財務諸表監査に対する監査人の責任」区分に詳述されている。当監査法人は、公認会計士法に基づき〇〇株式会社に対して独立性を保持しており、また、日本公認会計士協会の倫理規則等で定められるその他の倫理上の責任を果たした。当監査法人は、意見表明の基礎となる十分かつ適切な監査証拠を入手したと判断している。

検討されている監査報告書(2)

監査上の主要な事項

監査上の主要な事項とは、当年度の財務諸表監査において監査人の職業的専門家としての判断によって特に重要であると決定された事項をいう。監査上の主要な事項は、財務諸表監査の過程及び監査意見の形成において対応した事項であり、当監査法人は、当該事項に対して個別の意見を表明するものではない。

……

検討されている監査報告書(3)

その他の記載内容

経営者は、その他の記載内容に対して責任を有している。その他の記載内容は、有価証券報告書のうち、財務諸表及び監査報告書以外の情報である。

当監査法人の監査意見の対象範囲には、その他の記載内容は含まれておらず、したがって、当監査法人は当該その他の記載内容に対していかなる保証の結論も表明しない。

財務諸表監査における当監査法人の責任は、その他の記載内容を通読し、通読の過程において、その他の記載内容と財務諸表又は当監査法人が監査の過程で得た知識との間に重要な相違があるかどうか考慮すること、また、そのような重要な相違以外にその他の記載内容に重要な虚偽記載の兆候があるかどうか留意することにある。当監査法人は、実施した作業に基づき、その他の記載内容に重要な虚偽記載があると判断した場合には、当該事実を報告することが求められている。当監査法人は、その他の記載内容に関して報告すべき事項はない。

検討されている監査報告書(4)

財務諸表に対する経営者及び統治責任者の責任

経営者は、我が国において一般に公正妥当と認められる企業会計の基準に準拠して財務諸表を作成し適正に表示すること、及び、不正又は誤謬による重要な虚偽表示のない財務諸表を作成するために経営者が必要と判断した内部統制を整備及び運用する責任を有している。財務諸表を作成するに当たり、経営者は、○○株式会社の継続企業の前提としての財務諸表を作成することが適切であるかどうかを評価し、財務報告の枠組み及び開示の規則に基づいて継続企業に関する事項を開示する必要がある場合には当該事項を開示する責任を有すること、また、経営者が○○株式会社の清算もしくは事業停止の意図があるか、又はそうする以外に現実的な代替案がない場合を除いて、継続企業を前提として財務諸表を作成することが適切である。統治責任者の責任は、○○株式会社の財務報告プロセスの監視を行うことにある。

検討されている監査報告書(5)

財務諸表監査に対する監査人の責任

当監査法人の監査の目的は、全体としての財務諸表に、不正又は誤謬による重要な虚偽表示がないかどうかに関する合理的な保証を得て、監査意見を表明することにある。合理的な保証は、高い水準の保証であるが、我が国において一般に公正妥当と認められる監査の基準に準拠して行った監査が、すべての重要な虚偽表示を常に発見することを保証するものではない。虚偽表示は、不正又は誤謬から発生する可能性があり、個別に又は集計すると、当該財務諸表の利用者の意思決定に影響を与えると合理的に見込まれる場合に、重要性があると判断される。

検討されている監査報告書(6)

財務諸表監査に対する監査人の責任　(続き)

当監査法人は、我が国において一般に公正妥当と認められる監査の基準に準拠して実施する監査の過程を通じて、職業的専門家としての判断を行い、職業的懐疑心を保持し、また、以下を行う。

- 不正又は誤謬による財務諸表の重要な虚偽表示リスクを識別、評価し、当該リスクに対応した監査手続を立案、実施し、監査意見の基礎となる十分かつ適切な監査証拠を入手する。不正による重要 な虚偽表示リスクを発見できないリスクは、誤謬による重要な虚偽表示を発見できないリスクよりも高くなる。これは、不正には、共謀、文書の偽造、取引等の記録からの除外、虚偽の陳述、及び内部統制の無効化が伴うためである。
- 状況に応じて適切な監査手続を立案するために、監査に関連する内部統制を理解する。ただし、これは〇〇株式会社の内部統制の有効性に対する意見を表明するためではない。
- 経営者が採用した会計方針及びその適用方法の適切性、ならびに経営者によって行われた会計上の見積りの合理性を評価し、関連する開示の妥当性を検討する。
- 経営者が継続企業を前提として財務諸表を作成することが適切であるかどうか、また、入手した監査証拠に基づき、〇〇株式会社の継続企業の前提に重要な疑義を生じさせるような事象又は状況に関して重要な不確実性が認められるかどうかを結論付ける。重要な不確実性が認められる場合は、監査報告書において財務諸表の開示に注意を喚起すること、又は重要な不確実性に関する財務諸表の開示が適切でない場合は、財務諸表に対して除外事項付意見を表明することが求められている。当監査法人の結論は、監査報告書日までに入手した監査証拠に基づいているが、将来の事象や状況により、〇〇株式会社は継続企業として存続できなくなる可能性がある。
- 財務諸表の表示方法が適切であるかどうかを評価すること、関連する注記を含めた全体としての財務諸表の表示、構成及び内容を検討し、財務諸表が基礎となる取引や会計事象を適正に表示しているかどうかを評価する。
- 財務諸表に対する意見を表明するため、〇〇株式会社及び事業活動の財務情報に関する十分かつ適切な監査証拠を入手する。

検討されている監査報告書(7)

財務諸表監査に対する監査人の責任　(続き)

当監査法人は、計画した監査の範囲とその実施時期、監査の実施過程で識別した内部統制の重要な不備を含む及び監査上の重要な発見事項、ならびに、監査の基準で求められているその他の事項について、統治責任者に対して報告を行っている。

また、当監査法人は、統治責任者に、独立性についての職業倫理に関する規定を遵守している旨、ならびに、独立性に影響を与えると合理的に考えられる事項、及び、該当する場合には阻害要因を除去・軽減するために講じた安全策について報告を行う。

当監査法人は、統治責任者に報告した事項のうち、監査人の職業的専門家としての判断において、当年度の財務諸表監査で特に重要な事項を、監査上の主要な事項と決定する。当監査法人は、これらの事項を監査報告書において記載する。ただし、法令等により当該事項の公表が禁止されている場合や、きわめてまれではあるが、監査報告書において報告することにより生じる不利益が公共の利益を上回ると合理的に見込まれるため、監査人が報告すべきでないと判断した場合は、当該事項を記載しない。

国際監査・保証基準審議会

- 従来の標準的な監査報告書について利用者がどのように認識しているかに関しての、国際監査・保証基準審議会(IAASB)と米国公認会計士協会(AICPA)の監査基準審議会との共同研究(2009年)
- 従来の監査報告書では「実施された監査に関する特定の情報」「監査上の発見事項」「監査対象企業に関する情報」が不足している旨の指摘
  - 会計監査人の独立性に関する情報
  - 監査における重要な虚偽表示にいう重要性の基準
  - 監査における保証のレベルに関する情報
  - 企業の財務諸表や 財務報告システム（および内部統制）の質に関する情報
  - 会計監査人が監査を通じて得て監査委員会に報告した情報
  - 規制当局などに報告した情報

国際監査・保証基準審議会

- 監査報告書の構成と記載内容を見直すことにより、監査報告書のコミュニケーション価値と目的適合性(relevance)を高める
- 監査報告見直しの受益者としては、主に投資家、アナリスト及びその他の監査報告書利用者を想定
- 監査報告見直しにより想定される便益
  - 監査の透明性の向上により、監査報告書のコミュニケーション価値が向上
  - 監査の品質に対する利用者の認識によい影響
  - 監査及び財務諸表に対する利用者の信頼性が高められる結果、公共の利益に貢献
  - 監査報告書に記載する事項に対して監査人が改めて注意を払う結果、職業的懐疑心が高められ、監査品質が向上
  - 監査人と統治責任者との間のコミュニケーションの強化（たとえば、監査上の主要な事項に関する協議）
  - 監査報告書で参照される財務諸表上の開示（監査上の主要な事項等）に対する経営者及び統治責任者の注意が高まり、その結果、財務報告の品質の向上に寄与

国際監査・保証基準審議会

- 新設:国際監査基準(ISA) 701「独立監査人の監査報告書における監査上の主要な事項のコミュニケーション」
- 改正
  - 監査報告関係(　ISA700(財務諸表に対する意見の形成と監査報告)、ISA705(独立監査人の監査報告書における 除外事項付意見)、ISA706(独立監査人の監査報告書における 強調事項区分とその他の事項区分)
  - ISA260(統治責任者とのコミュニケーション)
  - ISA570(継続企業)
  - ISA720 (その他の記載内容)
  - 適合修正

監査上の主要な事項(KAM)
(日本公認会計士協会作成資料)

英国

2012年10月1日以降開始事業年度から適用

（12月末決算：2013/12 期）

2000年代後半
金融危機

国際監査・保証基準審議会（IAASB）

2016年12月15日以降終了事業年度から適用*

オーストラリア、香港、ニュージーランド、中国、シンガポール、南アフリカ、北欧3か国、ブラジル等

カナダ

2018年12月15日以降終了事業年度から任意記載可能

インド

2018年4月1日以降開始事業年度から適用（12月末決算：2019/12 期）

2013 2014 2016 2017 2018 2019 2020

オランダ

2014年12月15日以降終了事業年度から適用

欧州連合(EU)

2016年6月17日

関連規則適用開始

（12月末決算：2017/12 期）

米国PCAOB

◆監査上の重要な事項：
・大規模早期提出会社：2019年6月15日以降終了事業年度から適用
（12月末決算：2019/12 期）
・それ以外：2020年12月15日以降終了事業年度から適用
◆監査上の重要な事項以外：
・2017年12月15日以降終了事業年度から適用

監査上の主要な事項(KAM)

- 監査上の主要な事項(Key Audit Matter: KAM)
＝監査人の職業専門家としての判断において、当年度の財務諸表監査で特に重要な事項
  - 特別な検討を必要とするリスクが識別された領域又は監査人の重要な判断を伴う領域
  - 監査において、十分かつ適切な監査証拠の入手を含め、重要な困難に直面した領域
  - 内部統制の重要な不備が識別されたことによるものを含め、監査について計画したアプローチの重要な変更が必要となった状況

監査上の主要な事項(KAM)

- 監査上の主要な事項は、統治責任者にコミュニケーションした事項の中から選択される
- 統治責任者＝企業の戦略的方向性と説明責任を果たしているかどうかを監視する(財務報告プロセスの監視を含む)責任を有する者又は組織←日本の場合、会社法の機関の設置状況に応じて、取締役会、監査役もしくは監査役会又は監査委員会が統治責任者に該当(ただし、日本公認会計士協会の品質管理基準委員会報告書及び監査基準委員会報告書においては、監査人のコミュニケーションの対象は、原則として監査役もしくは監査役会又は監査委員会を想定)

内閣総理大臣への申し出

- 金融商品取引法193条の3第1項

公認会計士又は監査法人が、前条第1項の監査証明を行うに当たつて、特定発行者における法令に違反する事実その他の財務計算に関する書類の適正性の確保に影響を及ぼすおそれがある事実（次項第1号において「法令違反等事実」という。）を発見したときは、当該事実の内容及び当該事実に係る法令違反の是正その他の適切な措置をとるべき旨を、遅滞なく、内閣府令で定めるところにより、当該特定発行者に書面で通知しなければならない。

- 監査証明府令7条

監査証明を行うに当たり特定発行者…における法令違反等事実…を発見した公認会計士又は監査法人は、当該事実の内容及び当該事実に係る法令違反の是正その他の適切な措置をとるべき旨 を記載した書面により、当該特定発行者の監査役又は監事その他これらに準ずる者（法第193条の3第1項に規定する適切な措置をとることについて他に適切な者 がある場合には、当該者）に対して通知しなければならない。

内閣総理大臣への申し出

- 金融商品取引法193条の3第2項

前項の規定による通知を行つた公認会計士又は監査法人は、当該通知を行つた日から政令で定める期間が経過した日後なお次に掲げる事項のすべてがあると認める場合において、第1号に規定する重大な影響を防止するために必要があると認めるときは、内閣府令で定めるところにより、当該事項に関する意見を内閣総理大臣に申し出なければならない。この場合において、当該公認会計士又は監査法人は、あらかじめ、内閣総理大臣に申出をする旨を当該特定発行者に書面で通知しなければならない。

一　法令違反等事実が、特定発行者の財務計算に関する書類の適正性の確保に重大な影響を及ぼすおそれがあること。

二　前項の規定による通知を受けた特定発行者が、同項に規定する適切な措置をとらないこと。

監査役等とのコミュニケーション

- 『監査基準』第三、一、7

監査人は、監査の各段階において、監査役等と協議する等適切な連携を図らなければならない

- 『監査基準の改訂に関する意見書』(平成25年3月26日)二、2

今般の不正リスク対応基準の検討において、不正リスクの内容や程度に応じ、適切に監査役等と協議する等、監査役等と連携を図らなければならないとされたところである。

現行の監査基準においては監査役等との連携に関する規定がないが、監査における監査役等との連携は、不正が疑われる場合に限らず重要であると考えられることから、監査人は、監査の各段階において、適切に監査役等と協議する等、監査役等と連携を図らなければならないことを明記することとした。

2018/2/7　筑波大学ビジネスサイエンス系　弥永真生　35

監査役等とのコミュニケーション

- 『監査における不正リスク対応基準』第二

17　監査役等との連携

監査人は、監査の各段階において、不正リスクの内容や程度に応じ、適切に監査役等と協議する等、監査役等との連携を図らなければならない。

監査人は、不正による重要な虚偽の表示の疑義があると判断した場合には、速やかに監査役等に報告するとともに、監査を完了するために必要となる監査手続の種類、時期及び範囲についても協議しなければならない。

18　経営者の関与が疑われる不正への対応

監査人は、監査実施の過程において経営者の関与が疑われる不正を発見した場合には、監査役等に報告し、協議の上、経営者に問題点の是正等適切な措置を求めるとともに、当該不正が財務諸表に与える影響を評価しなければならない。

監査役等とのコミュニケーション

- 監査基準委員会報告書260

10. 監査人は、企業統治の構造に応じてコミュニケーションを行うことが適切な統治責任者を 判断しなければならない。...特に断りのない限り品質管理基準委 員会報告書及び監査基準委員会報告書では、監査役等とのコミュニケーションを想定している

監査役等とのコミュニケーション

- 監査基準委員会報告書260

12. 監査人は、財務諸表監査に関連する監査人の責任について、監査役等とコミュニケーションを行わなければならない。財務諸表監査に関連する監査人の責任についての監査役等とのコミュニケーションには、以下の事項を含めなければならない。

(1) 監査人は、経営者が作成する財務諸表に対して監査意見を形成し、表明する責任を有すること
(2) 財務諸表監査は、経営者又は監査役等の責任を代替するものではないこと

監査役等とのコミュニケーション

- 監査基準委員会報告書260

13. 監査人は、計画した監査の範囲とその実施時期の概要について、監査役等とコミュニケーションを行わなければならない。これには監査人により識別された特別な検討を必要とするリスクが含まれる。

監査役等とのコミュニケーション

- 監査基準委員会報告書260

14. 監査人は、以下について、監査役等とコミュニケーションを行わなければならない。

(1) 会計方針、会計上の見積り及び財務諸表の開示を含む、企業の会計実務の質的側面のうち重要なものについての監査人の見解

　監査人は、会計実務が、適用される財務報告の枠組みの下で受入可能であるが、企業の 特定の状況においては最適なものではないと考える場合は、その理由を監査役等に説明しなければならない。

(2) 監査期間中に困難な状況に直面した場合は、その状況

(3) 監査の過程で発見され、経営者と協議したか又は経営者に伝達した重要な事項

(4) 監査人が要請した経営者確認書の草案

(5) 監査の過程で発見され、監査人が、職業的専門家としての判断において財務報告プロセスに対する監査役等による監視にとって重要と判断したその他の事項

監査上の主要な事項(KAM)の位置づけ

- KAMのコミュニケーションは、財務諸表全体に対する意見を形成したうえで、行われる
- KAMは経営者が財務諸表に記載すべき注記を代替するものではない
- 除外事項を代替するものではない
- 継続企業の前提に関する重要な不確実性に関する報告を代替するものではない
- KAMで記載された事象について個別意見を述べるものではない

監査上の主要な事項(KAM)の位置づけ

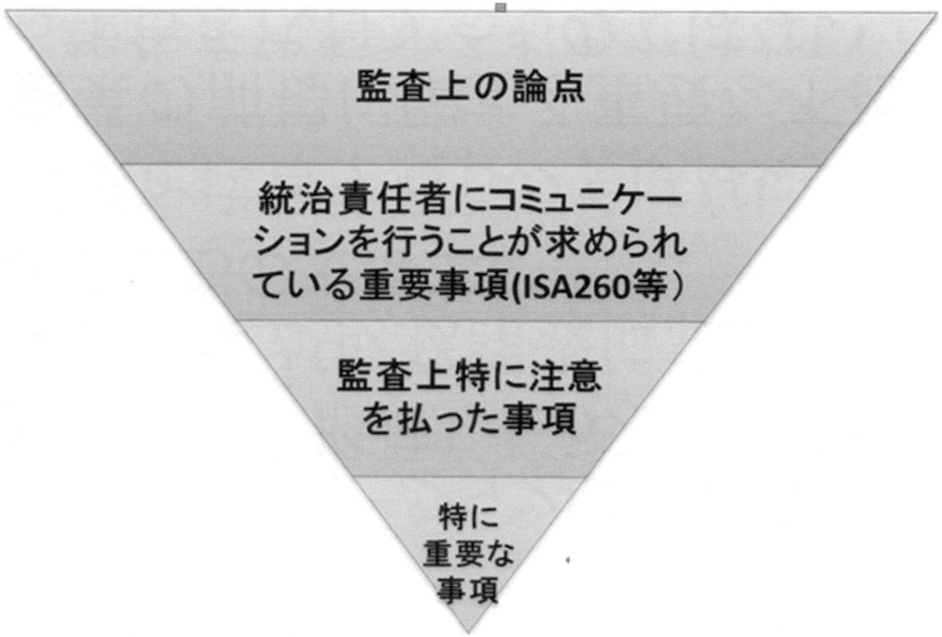

監査上の論点

統治責任者にコミュニケーションを行うことが求められている重要事項(ISA260等）

監査上特に注意を払った事項

特に重要な事項

監査上の主要な事項(KAM)の位置づけ

- 記載すべき内容
  - 当該事項に関連する情報が 財務諸表に開示されている場合、当該関連する開示情報への参照
  - 当該事項が監査において最も重要であり、監査上の主要な事項であると判断した理由
  - 当該事項に対する監査上の対応

監査上の主要な事項(KAM)の位置づけ

- KAM の記載に当たっては、企業が既に開示している情報を参照することが想定されている
- 「当該事項に関連する情報が 財務諸表に開示されている場合、当該関連する開示情報への参照」とされており、財務諸表本体・注記における開示には限定されていない
- 参照すべき情報が企業によって開示されていない場合であっても、監査人が KAM として記載すること は可能であるが、監査人はまずは企業に必要な開示を促すことが適切であるとされている

監査上の主要な事項(KAM)の位置づけ

- 監査上の主要な事項であると判断した理由の記載(IAASBが示した文例)
  – のれん

　グループは、国際財務報告基準に準拠して、のれんの金額に関して年次で減損テストを実施することが要求されている。20X1 年 12 月 31 日時点での残高 xx は財務諸表において重要であり、したがって、監査上、減損テストの検討は重要であった。また、経営者の評価プロセスは複雑であり判断の度合が高く、様々な仮定が使用されている。特に、[特定の仮定を記載]は、[国又は地理的領域の名称]における、将来の市況や経済状況に関する予測による影響を受ける。

監査上の主要な事項(KAM)の位置づけ

- 監査上の主要な事項であると判断した理由の記載(IAASBが示した文例)
  – 金融商品の評価

　会社の金融商品への投資額総額のうち、仕組金融商品に対する投資は[x%]を占めている。仕組金融商品は、特有の構造及び条件を有しているため、活発な市場における相場価格ではなく、内部開発モデルに基づき評価されている。その結果、仕組金融商品の評価における測定の不確実性は高い。したがって、監査上、仕組金融商品の評価は重要であった。

監査上の主要な事項(KAM)の位置づけ

- 当該事項に対する監査上の対応の記載
  - 当該事項に最も関連する又は重要な虚偽表示リスクに特有の、監査人の対応又はアプローチの特徴
  - 実施した手続の簡潔な説明
  - 監査人の手続の結果を示す記述
  - 当該事項に関する主要な所見　など

監査上の主要な事項(KAM)の位置づけ

- KAMの記載によっては、監査の失敗を探知されやすくなるかもしれないという点を除けば、監査人のリスクは高まらない←KAMの記載によって、財務諸表等の「記載が虚偽であり又は欠けているものを虚偽でなく又は欠けていないものとして証明」したことにならない
- 監査手続が有意に増加するということも想定しにくい⇔被監査会社と記載についてすり合わせるためには、それなりの時間を要するかもしれない

監査上の主要な事項(KAM)の位置づけ

- コーポレート・ガバナンスに対する効果はあるのではないか
  - KAMの記載により、監査役等はコミュニケーションされた事項についてアクションを起こすインセンティブが生ずる
  - 監査役等は、KAMに記載されている以上、そのアクションが必要であるということを経営者に対して主張しやすくなる?→監査人・監査役等の経営者に対するバーゲニング・パワーの増加?

監査上の主要な事項(KAM)の位置づけ

- 投資判断にどの程度役に立つかは未知数
  - 多くの個人投資家は監査報告書を読まない(合理的無関心)。しかも、無限定適正意見の場合、現在の監査報告書にどの程度の情報価値があるのかはあやしいかもしれない
  - おそらく多くの個人投資家はKAMの記載を読みこなす能力を有していない→能力を有するアナリストや機関投資家にとってのみKAMは投資意思決定上の有用な情報となり得るのではないか

継続企業の前提に関する事項の記載

- 日本の現行制度では、追記情報と位置付け
- 世界金融危機を受け、継続企業に関する論点は大きな関心を集め、利害関係者は、経営者及び監査人に対し、継続企業に関する事項に、より注意を向けることを求めた→IAASB は、継続企業の論点に注力すべきという声に対応するため、国際的な監査基準設定主体としての役割を踏まえ、継続企業の論点に関する作業を行った
- 多くの利害関係者（国際的な規制監督機関を含む）から、継続企業に関しては、より抜本的なアプローチを講じることが必要との意見

継続企業の前提に関する事項の記載

ISA700の改訂

- すべての監査報告書
  - 財務諸表に対する経営者の責任として、経営者は、継続企業を前 提として財務諸表を作成することが適切であるかどうかを評価し、財務報告の枠組み及び開示の規則に基づいて継続企業に関する事項を開示する必 要がある場合は、当該事項を開示する責任を有することを新たに記載
  - 当該評価に関する経営者の責任の説明に、どのような場合に継続企業を前提 として財務諸表を作成することが適切であるかを記載

継続企業の前提に関する事項の記載

ISA700の改訂

- すべての監査報告書
  - 監査人の責任として、新たに記載
    - 監査人は、経営者が継続企業を前提として財務諸表を作成することが 適切であるかどうか、また入手した監査証拠に基づき、継続企業の前提に重要な疑義を生じさせるような事象又は状況に関して重要な不確実性が存在しないかどうか結論付ける責任を有すること
    - 監査人は、重要な不確実性が存在する場合は、監査報告書において財 務諸表の開示に参照し注意喚起すること、又は、重要な不確実性に関する財務諸表の開示が適切でない場合は、財務諸表に対して除外事項付意見を表明することが求められること
    - 監査人の結論は、監査報告書日までに入手した監査証拠に基づいているが、将来の事象や状況により、企業は継続企業として存続できなくなる可能性があること

2018/2/7　筑波大学ビジネスサイエンス系　弥永真生　53

継続企業の前提に関する事項の記載

- 継続企業を前提として 財務諸表を作成することが適切でない場合(ISA570「継続企業」の改訂)

  監査人は、継続企業を前提として財務諸表が作成されている場合に、継続企業を前提として経営者が財務諸表を作成することが適切でないと判断したときは、監査報告書に以下を記載
  - 否定的意見を表明する(監査報告書の冒頭の区分に記載)
  - 「否定的意見の根拠」区分において、状況を説明する

継続企業の前提に関する事項の記載

継続企業を前提として財務諸表を作成することが適切であるが重要な不確実性が認められる場合(ISA570の改訂)

- 財務諸表における開示が適切な場合
  - 無限定意見を表明する
  - 「継続企業の前提に関する重要な不確実性」区分を設ける(ただし、法令等により異なる見出しを使用することが求められている場合を除く)
  - 当該区分において、以下を記載
    - 重要な不確実性について記載している財務諸表の開示への参照
    - 継続企業の前提に重要な疑義を生じさせるような事象又は状況に関する重要な不確実性が認められる旨
    - 当該事項は監査人の意見を及ぼすものではない旨

継続企業の前提に関する事項の記載

継続企業を前提として財務諸表を作成することが適切であるが重要な不確実性が認められる場合(ISA570の改訂)(続き)

- 財務諸表における開示が適切でない場合
  - 状況に応じて限定意見又は否定的意見を表明
  - 「限定意見(否定的意見)の根拠」区分に、継続企業の前提に関する重要な不確実性が認められる旨及び当該事項に関する財務諸表の開示が適切でない旨を記載

その他の記載内容

国際監査基準720

- 監査済財務情報を含む文書に含まれる様々な「その他の記載内容」の伝達・提供方法を考慮した上で、「その他の記載内容」に関する監査人の適切な責任を特定することにより、財務諸表の信頼性向上に貢献することを確保する
- 「その他の記載内容」＝企業の年次報告書に含まれる財務情報及び非財務情報（財務諸表及びその監査報告書を除く）

その他の記載内容

国際監査基準720

- 監査人は、その他の記載内容を通読することに加え、以下を考慮することが求められる
  - その他の記載内容と財務諸表の間に重要な相違がないかどうか
  - 監査において入手した監査証拠と到達した結論の観点から、その他の記載内容と監査人が監査 の過程で得た知識の間に重要な相違があるかどうか
- その他の記載内容と財務諸表の間の重要な相違の有無を考慮するための基礎として、監査人には、その他の記載内容のうち選択した金額又は他の項目と、財務諸表における当該金額又は他の項目を比較することが求められる

その他の記載内容

国際監査基準720

- 監査人には、その他の記載内容を通読する際、財務諸表又は監査人が監査の過程で得た知識に関連しないその他の記載内容に重要な虚偽記載があると思われる兆候について留意することが求められる

その他の記載内容

国際監査基準720

- 監査報告書の記載事項
  - 経営者はその他の記載内容に対して責任がある旨
  - 監査報告書日より前に入手したその他の記載内容の特定(上場企業の場合は、監査報告書日後に入手する予定のその他の記載内容についても特定することが求められる)
  - 監査意見の対象にはその他の記載内容は含まれておらず、監査人は監査意見もしくはいかなる保証の結論 も表明しない旨（又は、表明する予定がない旨）

その他の記載内容

国際監査基準720

- 監査報告書の記載事項（続き）
  - その他の記載内容の通読、考慮及び報告に関する、監査人の責任
  - 監査報告書日より前に入手したその他の記載内容がある場合には、以下のいずれかを記載
    - 監査人が報告すべき事項はない旨
    - 監査人がその他の記載内容に未修正の重要な虚偽記載があると結論づけた場合、当該未修正の重要な虚偽記載の内容

その他の記載内容

- このような責務を監査人が負うとすると、民事責任との関係ではかなりの難問が生ずるのではないか

その他の記載内容

- 金融商品取引法24条の4

第22条の規定は、有価証券報告書のうちに重要な事項について虚偽の記載があり、又は記載すべき重要な事項若しくは誤解を生じさせないために必要な重要な事実の記載が欠けている場合について準用する。この場合において、同条第1項中「有価証券を募集若しくは売出しによらないで取得した者」とあるのは、「有価証券を取得した者」と読み替えるものとする

その他の記載内容

- 金融商品取引法22条

　有価証券届出書のうちに重要な事項について虚偽の記載があり、又は記載すべき重要な事項若しくは誤解を生じさせないために必要な重要な事実の記載が欠けているときは、第21条第1項第1号及び第3号に掲げる者は、当該記載が虚偽であり、又は欠けていることを知らないで、当該有価証券届出書の届出者が発行者である有価証券を募集若しくは売出しによらないで取得した者又は処分した者に対し、記載が虚偽であり、又は欠けていることにより生じた損害を賠償する責めに任ずる。

2　第21条第2項第1号及び第2号の規定は、前項に規定する賠償の責めに任ずべき者について準用する。

その他の記載内容

- 金融商品取引法21条

有価証券届出書のうちに重要な事項について虚偽の記載があり、又は記載すべき重要な事項若しくは誤解を生じさせないために必要な重要な事実の記載が欠けているときは、次に掲げる者は、当該有価証券を募集又は売出しに応じて取得した者に対し、記載が虚偽であり又は欠けていることにより生じた損害を賠償する責めに任ずる。ただし、当該有価証券を取得した者がその取得の申込みの際記載が虚偽であり、又は欠けていることを知つていたときは、この限りでない。

(略)

三　当該有価証券届出書に係る第193条の2第1項に規定する監査証明において、当該監査証明に係る書類について記載が虚偽であり又は欠けているものを虚偽でなく又は欠けていないものとして証明した公認会計士又は監査法人

(略)

2　前項の場合において、次の各号に掲げる者は、当該各号に掲げる事項を証明したときは、同項に規定する賠償の責めに任じない。

(略)

二　前項第3号に掲げる者　同号の証明をしたことについて故意又は過失がなかつたこと。

(略)

その他の記載内容

- 「監査証明に係る書類について」とされているので、その他の記載内容について「監査人が報告すべき事項はない旨」の記載をしても、金融商品取引法21条、22条または24条の4に基づく責任を負わないことになろう
- 他方、利用者には一定の期待が生ずることになる(利用者は「監査意見の対象にはその他の記載内容は含まれておらず、監査人は監査意見もしくはいかなる保証の結論 も表明しない旨」の記載がどのようなインプリケーションを持っているか的確に判断できないのではないか)⇔監査意見または保証の結論を表明しないにもかかわらず、民事責任(たとえば、不法行為責任)を負うとされるのは監査人にとって不意打ちになるのではないか

その他の記載内容

- 現在でも、監査報告書には何も記載されないのが一般的であるが(→利用者の期待は生じないであろうし、その結果、監査人の過失等と投資家の損害との間の相当因果関係はないと評価する余地がある)、一般に公正妥当と認められる監査の基準は、監査人に対して、一定の要求をしている

その他の記載内容

- 現在でも、監査報告書には何も記載されないのが一般的であるが(→利用者の期待は生じないであろうし、その結果、監査人の過失等と投資家の損害との間の相当因果関係はないと評価する余地がある)、一般に公正妥当と認められる監査の基準(監査基準委員会報告書720「監査した財務諸表が含まれる開示書類におけるその他の記載内容に関連する監査人の責任」)は、監査人に対して、一定の要求をしている

監査基準委員会報告書720

監査人は、監査した財務諸表との重要な相違を識別するため、その他の記載内容を通読しなければならない(5項)

監査基準委員会報告書720

監査人が監査報告書日の前に入手したその他の記載内容を通読することにより重要な相違を識別した場合

- 監査した財務諸表に修正が必要であるが、経営者が修正することに同意しない場合、監査人は、監査基準委員会報告書705「独立監査人の監査報告書における除外事項付意見」に従って 監査報告書において除外事項付意見を表明しなければならない(8項)
- その他の記載内容に修正が必要であるが、経営者が修正することに同意しない場合、監査人は、監査役等に当該事項を報告するとともに、以下のいずれかを行わなければならない（9項）

(1) 監査基準委員会報告書706「独立監査人の監査報告書における強調事項区分とその他の事項区分」第7項に従って監査報告書にその他の事項区分を設け、重要な相違について記載する

(2) 監査報告書を発行しない

(3) 可能な場合、監査契約を解除する

監査基準委員会報告書720

監査人が監査報告書日の後に入手したその他の記載内容を通読することにより重要な相違を識別した場合

- 監査した財務諸表の修正又は訂正が必要な場合、監査人は、監査基準委員会報告書560「後発事象」第9項から第16項の関連する要求事項に従わなければならない(10項)
- その他の記載内容に修正又は訂正が必要であるが、経営者が修正又は訂正することに同意しない場合、監査人は、監査役等にその他の記載内容に関する監査人の懸念を知らせるとともに、適切な措置を講じなければならない(12項)

監査基準委員会報告書560

- 監査人は、監査報告書日後に、財務諸表に関していかなる監査手続を実施する義務も負わない。しかしながら、監査報告書日の翌日から財務諸表の発行日までの間に、もし監査報告書日現在に気付いていたとしたら、監査報告書を修正する原因となった可能性のある事実を知るところとなった場合には、監査人は以下の手続を実施しなければならない（9項）

(1) 経営者（及び適切な場合、監査役若しくは監査役会、監査等委員会又は監査委員会（以下「監査役等」という。））と当該事項について協議すること

(2) 財務諸表の修正又は財務諸表における開示が必要かどうか判断すること

(3) 財務諸表の修正又は財務諸表における開示が必要な場合、当該事項について財務諸表でどのように扱う予定であるか経営者に質問すること

監査基準委員会報告書560

- 監査人は、財務諸表が発行された後に、当該財務諸表に関していかなる監査手続を実施する義務も負わない。しかしながら、財務諸表が発行された後に、もし監査報告書日現在に気付いていたとしたら、監査報告書を修正する原因となった可能性のある事実を知るところとなった場合には、監査人は以下の手続を実施しなければならない（13項）

(1) 経営者（及び適切な場合、監査役等）と当該事項について協議すること

(2) 財務諸表の訂正が必要かどうか判断すること

(3) 財務諸表の訂正が必要な場合、当該事項について財務諸表でどのように扱う予定であるか経営者に質問すること

監査基準委員会報告書720

監査人が重要な相違を識別するためにその他の記載内容を通読する際に、明らかな事実の重要な虚偽記載に気付いた場合

- 経営者と当該事項について協議しなければならない（13項）
- 監査人は、そのような協議を行った結果、明らかな事実の重要な虚偽記載が存在すると判断する場合、企業の顧問弁護士等の適切な第三者と相談することを経営者に要請し、経営者が受けた助言について考慮しなければならない(14項)
- 監査人は、その他の記載内容に事実の重要な虚偽記載が存在すると判断したが経営者がそれを修正又は訂正することに同意しない場合、監査役等にその他の記載内容に関する監査人の懸念を知らせるとともに、適切な措置を講じなければならない（15項）

監査人に財務諸表等以外の保証業務を期待しなくてよいのか

- その他の記載内容につき、明らかな事実の虚偽記載には監査人が対応(ただし、通読しただけで判明するもの)
- しかし、有価証券報告書の記載事項として、財務諸表及び連結財務諸表以外の情報(とりわけ非財務情報)は増加する一方
  - 会社法上の事業報告は監査役等の監査対象だが、有価証券報告書は一応は業務監査の対象とはいえ…
  - 監査人の監査になじむ情報も存在

役員報酬等

- 役員報酬等の開示は、公認会計士・監査法人による監査になじむ典型的な一例
- イギリス一会社の監査人には、取締役報酬報告書の監査可能部分が2006年会社法の規定に準拠して適切に作成されているかどうかに関する意見を監査人報告書に記載
- EU会計指令－法定監査人は、経営者報告書が同一事業年度の財務諸表と首尾一貫しているか否か、及び経営者報告書が適用されるべき法的要求事項に従って作成されているか否かについて意見を表明しなければならず、かつ、経営者報告書に重要な虚偽記載を認知したかどうかを記載し、そのような虚偽記載の性質を示さなければならない

役員報酬等

- 企業会計基準第11号「関連当事者の開示に関する会計基準」―関連当事者との取引のうち、「役員に対する報酬、賞与及び退職慰労金の支払い」を開示対象外(9項)

→連結財務諸表規則15条の4の2第5項は「役員に対する報酬、賞与及び退職慰労金の支払い」について、関連当事者との取引に関する注記を要しないものとしている(会社計算規則112条2項2号も「取締役、会計参与、監査役又は執行役…に対する報酬等の給付」について同様)

役員報酬等

- 非財務情報?として開示

→企業内容開示府令第2号様式記載上の注意(57)(d)

「提出会社の役員…の報酬等…について、取締役（社外取締役を除く。）、監査役（社外監査役を除く。）、執行役及び社外役員の区分…ごとに、報酬等の総額、報酬等の種類別（基本報酬、ストックオプション、賞与及び退職慰労金等の区分をいう…）の総額及び対象となる役員の員数を記載すること。提出会社の役員ごとに、氏名、役員区分、提出会社の役員としての報酬等（主要な連結子会社の役員としての報酬等がある場合には、当該報酬等を含む…）の総額及び連結報酬等の種類別の額について、提出会社と各主要な連結子会社に区分して記載すること（ただし、連結報酬等の総額が1億円以上である者に限ることができる。）。」(第3号様式の「記載上の注意」(37)は、「第2号様式記載上の注意(57)に準じて記載すること」と規定)

役員報酬等

- このため、金融商品取引法上は役員報酬等の開示は監査人の監査の対象とはならない(会社法上は、監査役、監査役会、監査等委員会または監査委員会の監査の対象となるものの[事業報告及びその附属明細書が法令又は定款に従い当該株式会社の状況を正しく示しているかどうかについての意見。会社法施行規則129条1号2号]、会計監査人の監査の対象ではない)

役員報酬等

金融審議会「ディスクロージャーワーキング・グループ」（第1回）

- 事務局から「記述情報」(非財務情報)の充実の必要性が指摘され、建設的な対話の促進に向けたガバナンス情報の提供として、「役員報酬に係る情報」の開示の拡張が検討の俎上にあげられた
- 開示を拡充しても、その開示の信頼性が確保されないと開示を要求することの意義は小さくなる

役員報酬等

- 関連当事者との取引については、取引の内容、取引の種類別の取引金額、取引条件及び取引条件の決定方針などを注記すべきこととされており（連結財務諸表規則15条の4の2第1項4号から6号）、これらは公認会計士・監査法人による監査等の対象となっている
- 役員報酬等は関連当事者との取引にほかならない

→役員報酬等の開示についての監査を行う適性が公認会計士等にないとは考えられない

金融商品取引法研究会名簿

（平成30年2月7日現在）

会　　長	神　作　裕　之	東京大学大学院法学政治学研究科教授
会長代理	弥　永　真　生	筑波大学ビジネスサイエンス系 ビジネス科学研究科教授
委　　員	飯　田　秀　総	東京大学大学院法学政治学研究科准教授
〃	大　崎　貞　和	野村総合研究所未来創発センター主席研究員
〃	尾　崎　悠　一	首都大学東京大学院社会科学研究科 法学政治学専攻准教授
〃	加　藤　貴　仁	東京大学大学院法学政治学研究科准教授
〃	河　村　賢　治	立教大学大学院法務研究科教授
〃	小　出　　　篤	学習院大学法学部教授
〃	後　藤　　　元	東京大学大学院法学政治学研究科准教授
〃	武　井　一　浩	西村あさひ法律事務所パートナー弁護士
〃	中　東　正　文	名古屋大学大学院法学研究科教授
〃	藤　田　友　敬	東京大学大学院法学政治学研究科教授
〃	松　井　智　予	上智大学大学院法学研究科教授
〃	松　井　秀　征	立教大学法学部教授
〃	松　尾　健　一	大阪大学大学院高等司法研究科准教授
〃	松　尾　直　彦	東京大学大学院法学政治学研究科客員教授・弁護士
〃	宮　下　　　央	ＴＭＩ総合法律事務所弁護士
オブザーバー	小　森　卓　郎	金融庁総務企画局市場課長
〃	岸　田　吉　史	野村ホールディングスグループ法務部長
〃	森　　　忠　之	大和証券グループ本社経営企画部担当部長兼法務課長
〃	鎌　塚　正　人	ＳＭＢＣ日興証券法務部長
〃	陶　山　健　二	みずほ証券法務部長
〃	本　井　孝　洋	三菱ＵＦＪモルガン・スタンレー証券法務部長
〃	山　内　公　明	日本証券業協会常務執行役自主規制本部長
〃	石　黒　淳　史	日本証券業協会政策本部共同本部長
〃	山　本　　　悟	日本証券業協会自主規制企画部長
〃	塚　﨑　由　寛	日本取引所グループ総務部法務グループ課長
研究所	増　井　喜一郎	日本証券経済研究所理事長
〃	大　前　　　忠	日本証券経済研究所常務理事

（敬称略）

［参考］　既に公表した「金融商品取引法研究会（証券取引法研究会）研究記録」

第１号「裁判外紛争処理制度の構築と問題点」　2003年11月
報告者　森田章同志社大学教授

第２号「システム障害と損失補償問題」　2004年１月
報告者　山下友信東京大学教授

第３号「会社法の大改正と証券規制への影響」　2004年３月
報告者　前田雅弘京都大学教授

第４号「証券化の進展に伴う諸問題(倒産隔離の明確化等)」　2004年６月
報告者　浜田道代名古屋大学教授

第５号「EU における資本市場法の統合の動向
—投資商品、証券業務の範囲を中心として—」　2005年７月
報告者　神作裕之東京大学教授

第６号「近時の企業情報開示を巡る課題
—実効性確保の観点を中心に—」　2005年７月
報告者　山田剛志新潟大学助教授

第７号「プロ・アマ投資者の区分—金融商品・
販売方法等の変化に伴うリテール規制の再編—」　2005年９月
報告者　青木浩子千葉大学助教授

第８号「目論見書制度の改革」　2005年11月
報告者　黒沼悦郎早稲田大学教授

第９号「投資サービス法(仮称)について」　2005年11月
報告者　三井秀範金融庁総務企画局市場課長
松尾直彦金融庁総務企画局
投資サービス法(仮称)法令準備室長

第10号「委任状勧誘に関する実務上の諸問題
—委任状争奪戦（proxy fight）の文脈を中心に—」　2005年11月
報告者　太田洋 西村ときわ法律事務所パートナー・弁護士

第11号「集団投資スキームに関する規制について
—組合型ファンドを中心に—」　2005年12月
報告者　中村聡 森・濱田松本法律事務所パートナー・弁護士

第12号「証券仲介業」　2006年３月
報告者　川口恭弘同志社大学教授

第13号「敵対的買収に関する法規制」　2006年5月
報告者　中東正文名古屋大学教授

第14号「証券アナリスト規制と強制情報開示・不公正取引規制」　2006年7月
報告者　戸田暁京都大学助教授

第15号「新会社法のもとでの株式買取請求権制度」　2006年9月
報告者　藤田友敬東京大学教授

第16号「証券取引法改正に係る政令等について」　2006年12月
（ＴＯＢ、大量保有報告関係、内部統制報告関係）
報告者　池田唯一　金融庁総務企画局企業開示課長

第17号「間接保有証券に関するユニドロア条約策定作業の状況」　2007年5月
報告者　神田秀樹　東京大学大学院法学政治学研究科教授

第18号「金融商品取引法の政令・内閣府令について」　2007年6月
報告者　三井秀範　金融庁総務企画局市場課長

第19号「特定投資家・一般投資家について―自主規制業務を中心に―」　2007年9月
報告者　青木浩子　千葉大学大学院専門法務研究科教授

第20号「金融商品取引所について」　2007年10月
報告者　前田雅弘　京都大学大学院法学研究科教授

第21号「不公正取引について－村上ファンド事件を中心に－」　2008年1月
報告者　太田 洋 西村あさひ法律事務所パートナー・弁護士

第22号「大量保有報告制度」　2008年3月
報告者　神作裕之　東京大学大学院法学政治学研究科教授

第23号「開示制度（Ⅰ）―企業再編成に係る開示制度および　2008年4月
集団投資スキーム持分等の開示制度―」
報告者　川口恭弘 同志社大学大学院法学研究科教授

第24号「開示制度（Ⅱ）―確認書、内部統制報告書、四半期報告書―」　2008年7月
報告者　戸田　暁　京都大学大学院法学研究科准教授

第25号「有価証券の範囲」　2008年7月
報告者　藤田友敬　東京大学大学院法学政治学研究科教授

第26号「民事責任規定・エンフォースメント」　2008年10月
報告者　近藤光男　神戸大学大学院法学研究科教授

第27号「金融機関による説明義務・適合性の原則と金融商品販売法」2009年1月
報告者　山田剛志　新潟大学大学院実務法学研究科准教授

第28号「集団投資スキーム（ファンド）規制」　2009年3月
報告者　中村聡 森・濱田松本法律事務所パートナー・弁護士

第29号「金融商品取引業の業規制」　2009年4月
報告者　黒沼悦郎　早稲田大学大学院法務研究科教授

第30号「公開買付け制度」　2009年7月
報告者　中東正文　名古屋大学大学院法学研究科教授

第31号「最近の金融商品取引法の改正について」　2011年3月
報告者　藤本拓資　金融庁総務企画局市場課長

第32号「金融商品取引業における利益相反
—利益相反管理体制の整備業務を中心として—」　2011年6月
報告者　神作裕之　東京大学大学院法学政治学研究科教授

第33号「顧客との個別の取引条件における特別の利益提供に関する問題」2011年9月
報告者　青木浩子　千葉大学大学院専門法務研究科教授
松本譲治　ＳＭＢＣ日興証券　法務部長

第34号「ライツ･オファリングの円滑な利用に向けた制度整備と課題」2011年11月
報告者　前田雅弘　京都大学大学院法学研究科教授

第35号「公開買付規制を巡る近時の諸問題」　2012年2月
報告者　太田 洋 西村あさひ法律事務所弁護士･NY州弁護士

第36号「格付会社への規制」　2012年6月
報告者　山田剛志　成城大学法学部教授

第37号「金商法第6章の不公正取引規制の体系」　2012年7月
報告者　松尾直彦　東京大学大学院法学政治学研究科客員教授・西村あさひ法律事務所弁護士

第38号「キャッシュ・アウト法制」　2012年10月
報告者　中東正文　名古屋大学大学院法学研究科教授

第39号「デリバティブに関する規制」　2012年11月
報告者　神田秀樹　東京大学大学院法学政治学研究科教授

第40号「米国JOBS法による証券規制の変革」　2013年1月
報告者　中村聡 森･濱田松本法律事務所パートナー･弁護士

第41号「金融商品取引法の役員の責任と会社法の役員の責任
—虚偽記載をめぐる役員の責任を中心に—」　2013年3月
報告者　近藤光男　神戸大学大学院法学研究科教授

第42号「ドッド=フランク法における信用リスクの保持ルールについて」　2013年4月
報告者　黒沼悦郎　早稲田大学大学院法務研究科教授

第43号「相場操縦の規制」　2013年8月
報告者　藤田友敬　東京大学大学院法学政治学研究科教授

第44号「法人関係情報」　2013年10月
報告者　川口恭弘　同志社大学大学院法学研究科教授
平田公一　日本証券業協会常務執行役

第45号「最近の金融商品取引法の改正について」　2014年6月
報告者　藤本拓資　金融庁総務企画局企画課長

第46号「リテール顧客向けデリバティブ関連商品販売における民事責任　―「新規な説明義務」を中心として―」　2014年9月
報告者　青木浩子　千葉大学大学院専門法務研究科教授

第47号「投資者保護基金制度」　2014年10月
報告者　神田秀樹　東京大学大学院法学政治学研究科教授

第48号「市場に対する詐欺に関する米国判例の動向について」　2015年1月
報告者　黒沼悦郎　早稲田大学大学院法務研究科教授

第49号「継続開示義務者の範囲―アメリカ法を中心に―」　2015年3月
報告者　飯田秀総　神戸大学大学院法学研究科准教授

第50号「証券会社の破綻と投資者保護基金　―金融商品取引法と預金保険法の交錯―」　2015年5月
報告者　山田剛志　成城大学大学院法学研究科教授

第51号「インサイダー取引規制と自己株式」　2015年7月
報告者　前田雅弘　京都大学大学院法学研究科教授

第52号「金商法において利用されない制度と利用される制度の制限」　2015年8月
報告者　松尾直彦　東京大学大学院法学政治学研究科客員教授・弁護士

第53号「証券訴訟を巡る近時の諸問題　―流通市場において不実開示を行った提出会社の責任を中心に―」　2015年10月
報告者　太田 洋 西村あさひ法律事務所パートナー・弁護士

第54号「適合性の原則」　2016年3月
報告者　川口恭弘　同志社大学大学院法学研究科教授

第55号「金商法の観点から見たコーポレートガバナンス・コード」　2016年5月
報告者　神作裕之　東京大学大学院法学政治学研究科教授

第56号「ＥＵにおける投資型クラウドファンディング規制」　2016年7月
報告者　松尾健一　大阪大学大学院法学研究科准教授

第57号「上場会社による種類株式の利用」　2016年9月
報告者　加藤貴仁　東京大学大学院法学政治学研究科准教授

第58号「公開買付前置型キャッシュアウトにおける価格決定請求と公正な対価」 2016年11月
報告者　藤田友敬　東京大学大学院法学政治学研究科教授

第59号「平成26年会社法改正後のキャッシュ・アウト法制」 2017年1月
報告者　中東正文　名古屋大学大学院法学研究科教授

第60号「流通市場の投資家による発行会社に対する証券訴訟の実態」 2017年3月
報告者　後藤　元　東京大学大学院法学政治学研究科准教授

第61号「米国における投資助言業者（investment adviser）の負う信認義務」 2017年5月
報告者　萬澤陽子　専修大学法学部准教授・当研究所客員研究員

第62号「最近の金融商品取引法の改正について」 2018年2月
報告者　小森卓郎　金融庁総務企画局市場課長

購入を希望される方は、一般書店または当研究所までお申し込み下さい。
当研究所の出版物案内は研究所のホームページ http://www.jsri.or.jp/ にてご覧いただけます。

金融商品取引法研究会研究記録　第63号
監査報告書の見直し
平成30年3月29日
定価（本体500円＋税）
編　者　金融商品取引法研究会
発行者　公益財団法人　日本証券経済研究所
東京都中央区日本橋茅場町1-5-8
東京証券会館内　〒103-0025
電話　03（3669）0737代表
URL: http://www.jsri.or.jp

ISBN978-4-89032-679-2 C3032 ¥500E